JN145145

本当は怖い漢字の本

水王舎

はじめに

漢字って、本当に怖い！

そして、深くて、面白い。こんなに面白いものを私が独り占めにするわけにはいきません。

それが本書の執筆の動機です。

漢字は表意文字であるので、一つ一つに意味があります。そして、歴史があり、ルーツがあるのです。それらを辿ってみたなら、思わぬ恐ろしいものに出会うことになります。

たとえば「了」という漢字。「子」という漢字から横棒を取ると、「了」という漢字になります。この横棒が両腕を表わしているという説があります。その結果、「了」は両腕を切り落とされた子供の姿となります。このように漢字のルーツは実に恐ろしいものが多い

のです。

本書によって、漢字の面白さを発見することができるだけでなく、語い力を増やすこともできます。

音読み、訓読み、意味を明記することで、楽しみながら漢字の学習をすることができます。

また語源を知ることで、部首の組み合せにより漢字の世界を深めることもできるのです。

私たちは朝から晩まで、生涯にわたって漢字と付き合っていかなければなりません。漢字でものを考え、漢字で表現し、漢字で学習していくのです。その漢字の由来を知ることで、私たちの言語生活はもっと豊かになるに違いありません。そして、思わず誰かに話したくなることでしょう。蘊蓄を傾けたり、雑談で使ったり。どうか本書を隅から隅まで堪能してください。

出口　汪

もくじ

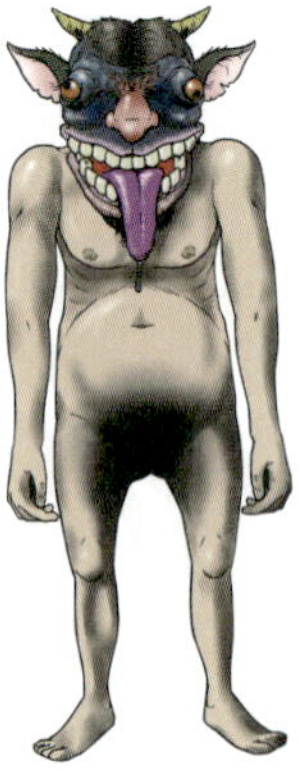

怖い漢字を知るための基礎知識

漢字誕生の歴史と成り立ち

漢字はどうやって生まれたか

漢字がいつ、中国のどこで誕生したのか、確かなことはわかっていないが、主要な説では4000年以上前の伝説上の帝王・黄帝に仕えた蒼頡《そうけつ》が、鳥や獣の足跡にヒントを受けて初めての文字を作ったという。

現在分かる最古の漢字は紀元前1300年頃の殷《いん》王朝で使われていた甲骨《こうこつ》文字である。殷では神の声を聞く「卜い《うらな》」が頻繁におこなわれ、吉凶の予測から戦の時期、天候の行方、王位の継承など、あらゆる物ごとを「卜い」をもとに決めたという。そしてその記録を文字にして亀の甲羅や獣の骨の表面に刻み、4000種以上の甲骨文字を生み出した。

甲骨文字は現代の絵文字のようなもので、生活の中で見えるものを書き、そこに意味を与えてきた。人の姿や自然界の生き物、武器や儀式、そして死人や刑罰など、時には悲しみや苦しみも文字の形に反映されていた。

これから解説していく怖い漢字の解釈の多くは、甲骨文字の成り立ちを由来としている。いわば甲骨文字は「怖い漢字」を知る入り口なのだ。

◉甲骨文字発掘の地

甲骨文字の彫られた遺物の多くは、現在の河南省安陽市にある「殷墟」で発掘された。殷王朝の後期に都が置かれた場所で、王の墓も見つかっている。

漢字はどのように変わってきたか

甲骨文字と現代の漢字とでは字の形がだいぶ異なるが、古代からの歴史の中で、漢字には何度か新しい書体が作り出されてきた。主な書体では、殷を継いだ周《しゅう》で発達した金文《きんぶん》、秦の始皇帝の命で作られた篆書《てんしょ》、そして宋の時代に普及し、現代も使われている楷書《かいしょ》などがある。現在では少なくとも5万字を超える漢字があるが、新たな書体が生まれるごとに簡略化を図られ、わかりやすく書きやすい形に変化してきた。

また、漢字の成り立ちをより深く理解するには構造の分類についても知っておきたい。主に分類されるのは象形《しょうけい》文字、指示《しじ》文字、会意《かいい》文字、形成《けいせい》文字の四種。象形文字は物の形をかたどった文字、指示文字は絵に描きづらい物事の状態を点や線で表した文字、会意文字はいくつかの文字や部首を組み合わせて別の意味を表す文字で、形声文字はメインの意味を持つ字（意符）に音だけ表す文字（音符）を組み合わせた文字である。なかには、会意文字と形声文字を兼ねている漢字もある。

甲骨文字

成立：殷（紀元前1300年ごろ）

現在分かっている最古の書体。主に神の声を聞く「トい」の記録に使われた文字で、甲羅や骨に記されたことから「甲骨文字」と呼ばれる。

金　文

成立：殷～周（紀元前1000年ごろ）

殷の後期から作られ始めた文字で、青銅器に鋳込まれていた。周の時代になると、「トい」以外にも文字が使われるようになった。

篆《てん》　書《しょ》

成立：秦（紀元前230年ごろ）

成立年代の異なる大篆と小篆とがある。小篆は秦の始皇帝が中国統一後に作らせた文字で、これを用いて中国全体の文字の統一を図った。

楷　書

成立：南北朝時代（580年ごろ）

南北朝時代に基礎が出来あがり、宋の時代に広く普及した。現在も使われている字形で、線や点などがはっきり書かれているのが特徴だ。

日本への伝来はいつごろか

ひらがなもカタカナも日本語の文字はもともと漢字から生まれた。漢字の伝来以前には日本に文字はなく、すべて口伝でコミュニケーションがおこなわれていた。

古代の日本と漢字の関係で有名な逸話が、光武中元2年（西暦57年）に後漢の光武帝《こうぶてい》から贈られた金印の話である。金印には「漢委奴国王《かんのわのなのこくおう》」という漢字が刻印されており、これを日本に初めて渡ってきた漢字とする説もある。

日本に漢字をもたらした人物として一般的に伝わっているのは、応神天皇16年（3世紀末から4世紀中ごろとされる）に朝鮮半島の百済《くだら》からやってきた王仁である。朝廷に赴いた王仁《わに》は「論語」と「千字文」という漢文の書物を献上した。これらの書物にはそれぞれ2000種類と1000種類の漢字が書かれていたという。

そして、やはり仏教伝来の影響も大きかった。経典を読むには漢字を知ることが必須で、文字を使う場面も増えた。加えて、渡来人の上陸や遺隋使の派遣により、大陸の文化とともに漢字ももたらされ、5～6世紀頃には本格的に文字が使われ始めたという。

◉法華義疏《ぎしょ》

聖徳太子が推古天皇23年（615年）に書いたとされる日本最古の書物。中国から渡ってきた書物を書写したものともいわれている。

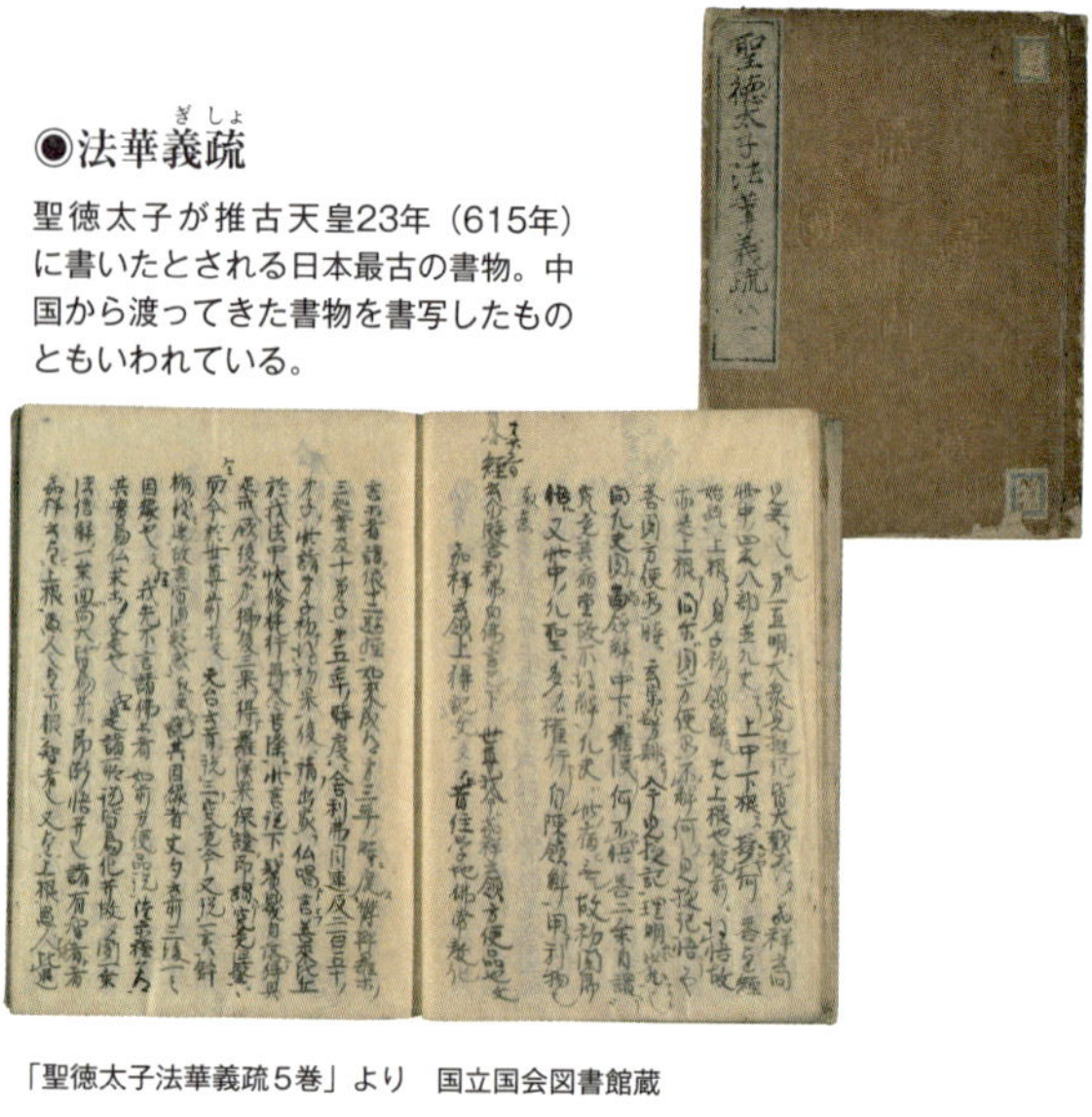

「聖徳太子法華義疏５巻」より　国立国会図書館蔵

「恐怖」にまつわる怖い漢字

荒

音 コウ

訓 あらい、あれる

意 天候や物ごとの状況が荒れる。または、荒れ果てる、すたれる。心が乱れるさまや態度が乱暴なさま。

草原に置き去りにされた寂しい亡骸《なきがら》

荒々しい、荒くれ者など、精神や物ごとが穏やかではない状態、あるいは、荒廃、退廃といった、心の中や風景などが虚しい状態――「荒」の字には、主に二つの意味があるが、その成り立ちは後者に由来している。

「荒」の字にある「亡」の字は、体を折り曲げて斃《たお》れた死者の姿をかたどった甲骨文字。そして上の草かんむりは作物の育たない草原を、下の三本足は何も見えない川を表している。これらを合わせて、「荒」は空き地に打ちはてられた死体を表しているのである。戦に敗れて命を落としたのか、誰かによって放置されたのか、どうしてそこに死体があるのかはわからず、人知れず雨風にさらされている亡骸は、何とも虚しい光景を想像させる。

金文

篆書

楷書

異

音 イ
訓 ことなる
意 **意見や状態などが同じではないさま、一般的なものごとと比べて珍しいさま。飛び抜けた才能など。**

正面に立ちはだかる鬼の姿

異常、異次元、異才など、世間の想像を超えるような人や物ごとに使われる「異」。

「異」の由来は象形文字で、上部の「田」は大きな頭を、下部は手足をかたどっていて、鬼が両手を上げて立っている姿を表している。もしくは、中国における鬼とは幽霊のことを表しているので、ここでいう鬼も何らかの霊的な存在を示していたのかもしれない。その姿に例え、後世になって「ことなるもの」を意味する文字として使われるようになったのである。

なお、「異」と似た漢字に「畏」がある。恐れる、怖がるなどの意味を持つこの字は、「田」に虎の省略形を合わせたもので、鬼の頭に虎の体を持つ空想上のおぞましい生き物を表している。

甲骨 → 金文 → 篆書 → 楷書

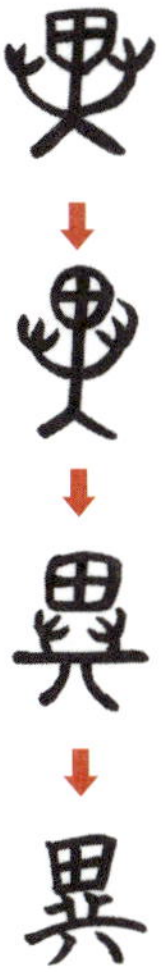

鬼

音 キ
訓 おに

意 想像上の怪物。その風貌は地方によって様々に伝わるが、多くの場合は荒々しさと力強さを併せ持つ。

日本と中国で異なる「鬼」の在り方

赤い体で頭に角を持ち、大きな金棒を振り回す。おそらく日本人が抱く鬼のイメージはそうした怪物の姿ではないだろうか。「桃太郎」や「泣いた赤鬼」など、日本だけでも鬼にまつわる伝承や昔話は数知れず、「鬼に金棒」のように古いことわざにも鬼が登場する。

その風貌は各地で様々に伝わるが、中国でいう「鬼」は日本のそれとは少し異なる。中国で鬼とは幽霊や亡霊のことを指し、人は死ぬと魂だけが残って鬼に変わるという迷信が伝わっている。「鬼」の字の由来もここから来ていて、頭が大きく、足の見えない亡霊の姿をかたどった象形文字がその成り立ちである。鬼を部首とする「魂」や「魔」も、同じように心霊的な意味を持っている漢字である。

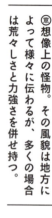

寡

音 カ
訓 すくない
意 **ひとりぼっちで味方や財産が少ないこと。少なくすること。力が小さいこと。配偶者に先立たれた人。**

頼るところのない孤独な子供の姿

独り占めにすることを「寡占《かせん》」といい、夫を亡くした妻を寡婦などというように、「寡」という漢字には「ひとりぼっち」という意味がある。

「寡」の上部にある「宀」は屋根を表している。そして、その下にある形は、頭が強調された子供の姿といわれている。すなわち、この字でひとりぼっちなのは、家の中に置き去りにされた子供なのである。

親が亡くなってしまったのだろうか、子供がひとりきりでは、頼るところもなければ、お金もないことだろう。頭が強調した姿からは、堪え難い孤独の中で頭を抱えている子供の姿が思い浮かべられる。その子供はやがてどうなってしまうのだろうか。その光景を想像するだけで心が痛くなってしまう。

金文

篆書

楷書

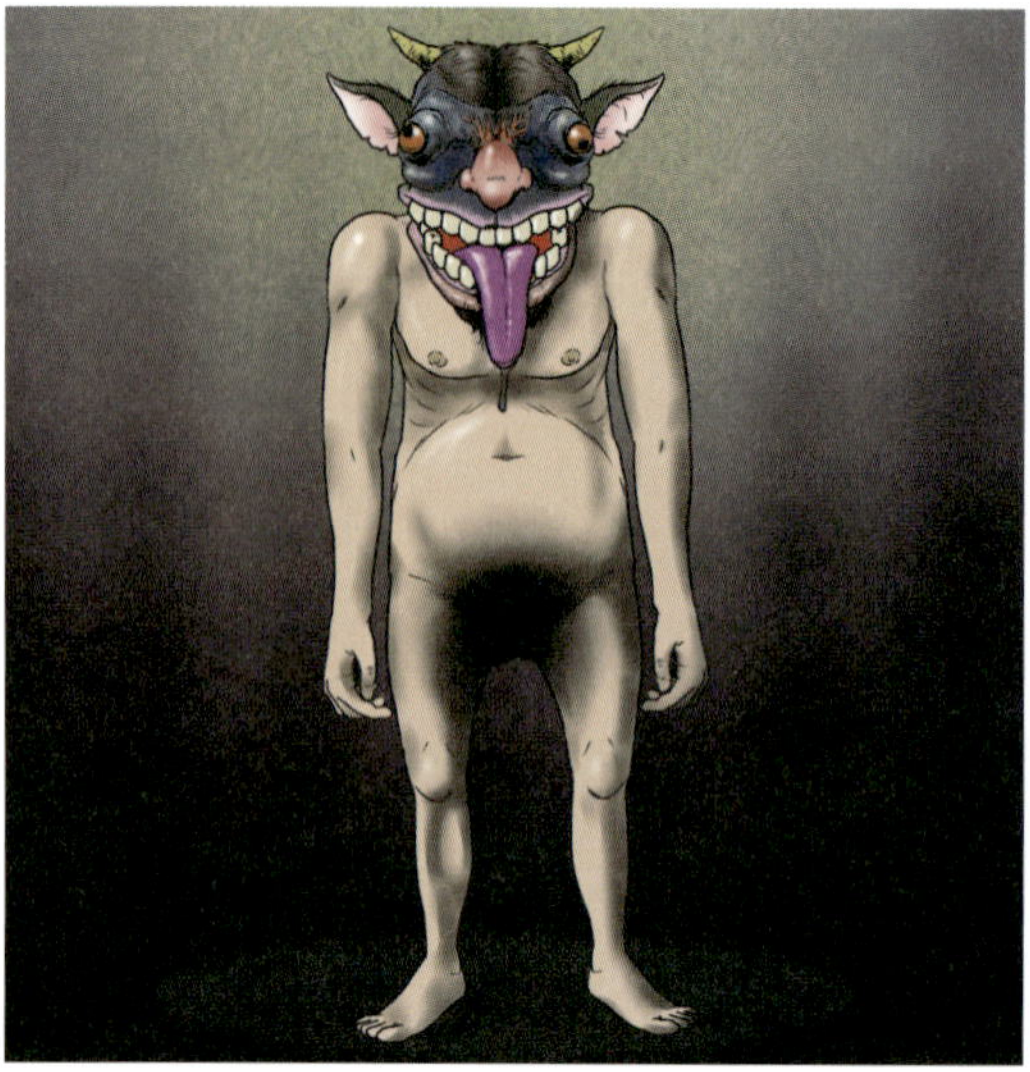

怪

音 カイ、ケ
訓 あやしい

意 あやしんだり疑わしく思うこと。姿形が普通とは異なるもの。不気味なもの、化けものなどの意。

民衆から恐れられた奇怪な生き物

怪奇、怪物、怪人、妖怪など、「怪」の付いた恐ろしい言葉を挙げればキリがない。そもそも「怪」は字の成り立ちからして恐ろしく、大きく丸い頭を持った奇怪な生き物を表した会意文字が字源である。

妖怪や怪物のような存在は古代の中国にもおり、周から漢の時代に書かれた中国最古の地理書『山海《せんがい》経《きょう》』には、各地の地形とともに神獣や妖怪に関する記述も残されている。そこには人の顔に大きな角を持つ四本足の獣「饕餮《とうてつ》」や九つの尾を持つ狐の妖怪「九尾狐《きゅうびこ》」、謎の多い一本足の牛「夔《き》」、声を聞くと病気にかかるという犬型の妖怪「讙《かん》」など、数々の奇妙な生き物が数多く登場。おそらく「怪」の字が表すのも、こうした奇怪な生き物の類であったと考えられる。

篆書

↓

楷書

怪

腐

音　フ
訓　くさる
意　もともとの姿がわからないほど形が崩れること。役に立たないほど性質が変わってしまうこと。

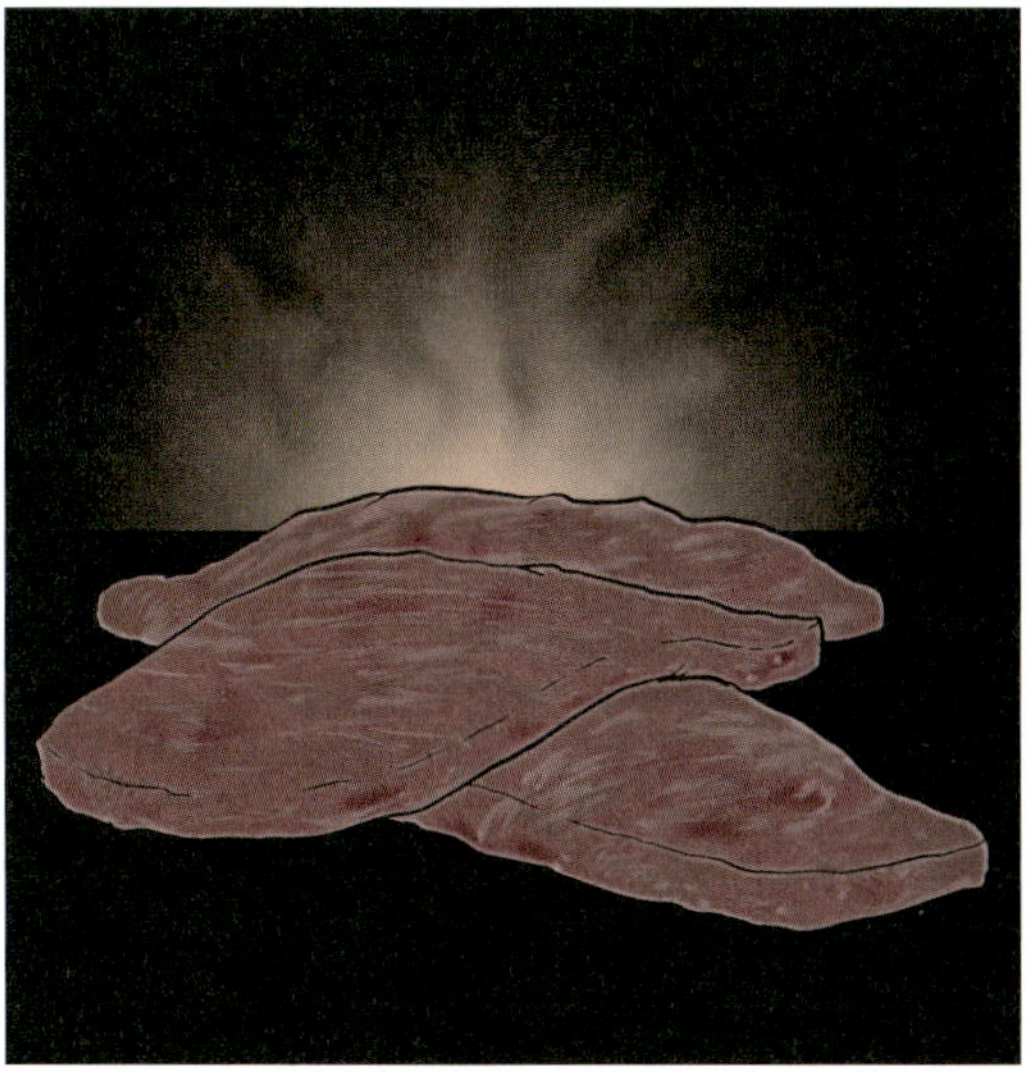

ほったらかしにされてくっついた肉

「腐」という漢字は「府《ふ》（物を詰め込んだ蔵）」の中に動物などの肉を積んで置いたままの様子を表している。放置された肉はやがて原型をとどめないほど崩れて、もとは別々だった破片であっても、ひとつにくっついて塊になってしまう。それが今日の「くさる」という意味に通じているのだ。

古代中国の漢の時代には死刑に次ぐ重刑に「腐《ふ》刑《けい》」という刑罰があった。これは「官刑」とも呼ばれ、男性は去勢を、女性は幽閉を課されたという。男性ならば去勢の痛みなんて想像するだけでも耐え難い。もちろん医療設備など整っていない時代だから処置後に漂う異臭は凄まじいものがあり、まさしく「腐る」という言葉がふさわしい罰だったといわれている。

篆書

↓

楷書

腐

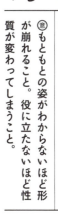

七

音 シチ
訓 なな
意 数字の7。物ごとの総数や順番を数える時に使う。西洋では幸運の数字で「ラッキーセブン」といわれる。

十字に斬られた体から飛び出した内臓

「七」は、切断された骨の形をかたどった甲骨文字が字源といわれている。そこからもともとは「切る」という意味の文字だったが、後に数字の7を表す字として用いられようになったため、新たに「七」と「刀」とを組み合わせた「切」という漢字が作られたという。

一方、「七」をさらに残酷に解いた説もある。こちらの説では「七」とは罪人を十字に叩き切るさま、あるいは腹を十字に割って自害するさまと説かれている。十字ならば「十」になるはずだが、腹から飛び出した内臓が右に垂れ下がって「七」の形になったという。骨を切られることも体を斬られることも、どちらもとてつもない苦痛。その光景を想像するだけで体が痛くなりそうな一文字といえる。

甲骨 十 ↓ 金文 十 ↓ 篆書 ち ↓ 楷書 七

刷

音 サツ

訓 する、はく

意 **さっとこすること。こすることによって清めること。こすることによって文字や絵を写し取ること。**

布にしみ込んだどすぐろい血

「刷」は「尸」と「布」を組み合わせた会意文字であり、布で尻を拭き取ることを表している。という解釈もある一方で、別の見方もある。

「刂」は刀を表していることから、刀についた汚れを布で拭き取っているさまを示しているというのだ。刀についた何を拭き取るのかといえば、それはもちろん血である。

「刷」は「殺」に通じており、人を斬ったり獣を殺したりしたときの血を拭い去っていたのだ。拭った血はまるで刷り込まれたようにしみ込み、洗っても落ちなくなる。

決して落ちないよう色をしっかりとしみ込ませるということから、印刷などに「刷」の字が使われるようになったようだ。

篆書

楷書

刷

遣

音 ケン

訓 つかう、つかわす

意 **従える者をよそにつかわすこと。物の一部を割いて送ること。もしくは、人を拘束から解くなど。**

古代の人喰い文化を連想させる

日本史の序盤に登場する遣唐使や現代の派遣社員をはじめ、我々の身近なところでも見かけることの多い「遣」という漢字。

この字の「辶」は「行」と「止」の意味が合わさったもので、道で立ち止まる人の姿。そして、その上の部首は積み重ねた肉を差し出す両手を表しており、それらを合わせ、割いたばかりの肉を遠方の人へと送るさまを表している。

古代中国の史書には少なからず食人の様子が描かれているものもあり、『三国志』の中にも、客人として招いた劉備《りゅうび》を妻の肉の料理を出してもてなしたという男の話がある。ここで送られた肉の中にも人間の肉が含まれていたといい、すなわち「遣」とは古代の食人文化を想像させる漢字なのである。

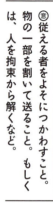

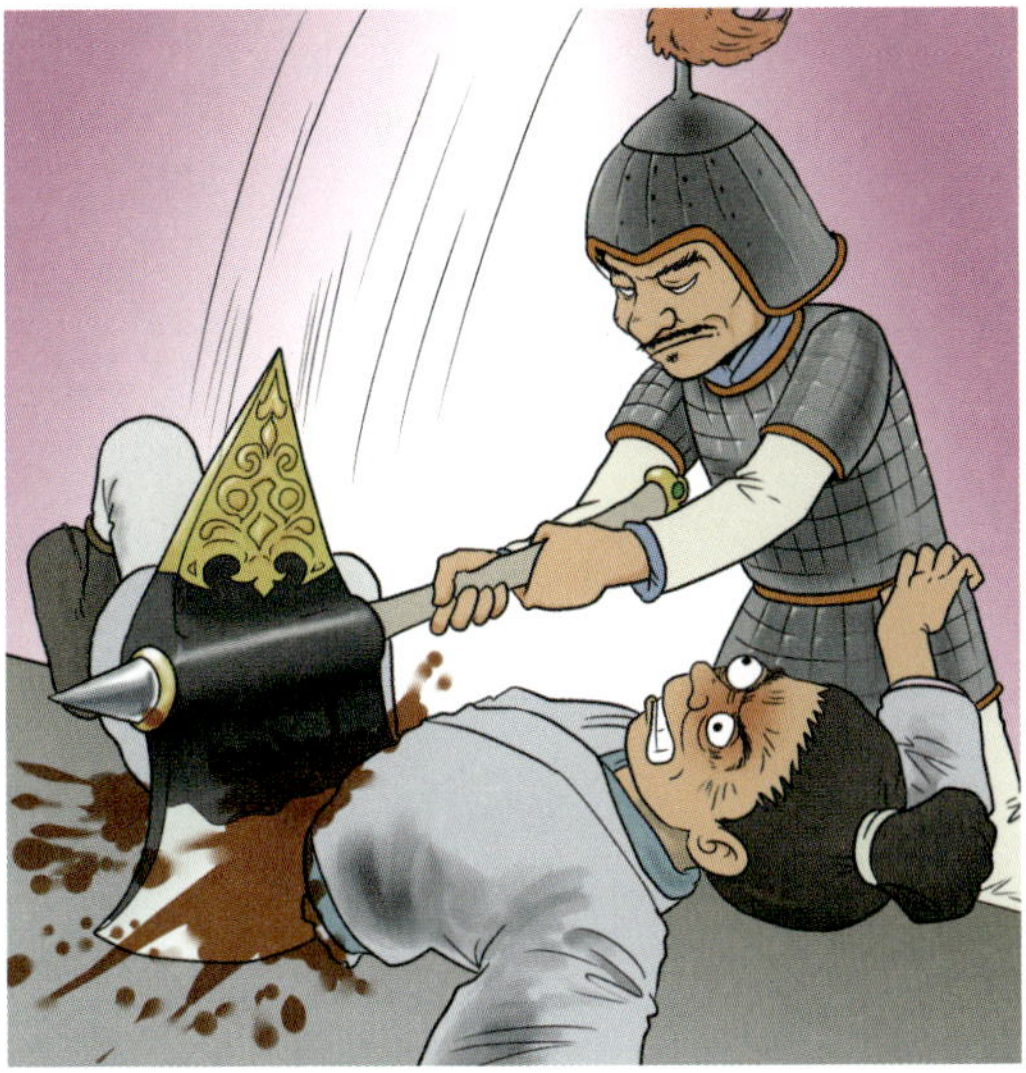

殊

音 シュ
訓 こと

意 人を株を切断して殺すこと。物ごとが制限を超えること。または、普通と異なるさまや別格なさま。

一刀両断に引き裂かれた人

殊勲、殊勝といった言葉に使われることから、現代ではポジティブな印象を受ける「殊」の字。しかし、この字がそもそも「殺す」という意味を持っていることはあまり知られていない。

「殊」を分解すると「歹」は骨だけになった死体を表し、「朱」は伐採された木の切り株を表している。つまり「殊」は、株を斬るように首や胴体を一刀両断にされている、とても残酷に殺された人を表しているのだ。

「歹」を部首に持つ漢字には、「殊」と同じように不幸な意味を持っている字が多い。例えば、養殖など「殖」は死体が時間が経て腐ることから、殉職などの「殉」は主君などを追って死ぬということから成り立っている漢字である。

篆書

↓

楷書

殊

文

音 ブン、モン

訓 ふみ、あや

意 思考や感情を完結した内容で表す最小単位。また、それら複数の文から構成され、まとめられたもの。

人の死体をVの字に切り開いていた

「文」は文身と呼ばれたもので、刺青のこと。かつては「×」や「心」を刺青として人体に彫り入れていたのだが、これがくずれた形から「文」の字が生まれたとされている。

男性が死んだ場合には、その死体の胸にV字型の刺青を入れていたという。また、刺青ではなく実際に胸をV字型に開くこともあったという。

死体を切るなど非道だと考える人がいるかもしれないが、あくまでその人のためを思ってやっていることなのである。ちなみに中国には冥婚《めいこん》という風習があり、これはあの世へ行ってからさびしくないように、死人同士が結婚することであった。昔と現在とでは、人々の死生観は大きく異なっていたのである。

甲骨

金文

篆書

楷書

死

音 シ

訓 しぬ

意 生物が命を失うこと。命を失ったように動きのないさま。死にもの狂いで力を注ぐことなどの意。

野ざらしになった死体を探す人々

人間にとって、「死」とは他の悲しみと比べようのない絶対的な恐怖である。

「死」は、骨になった死体を表す「歹」とひざまずく人を表す「匕」が結び付いた会意文字。これはすなわち、雨風にさらされて骨になった死体を探す人々を表している。

昔から土葬が一般的だった中国だが、古代では土に埋められたのは上流階級の人々だけで、庶民の死体は人気のない草むらなどに放置された。そして、時間を経て風化した骨を拾い集めて、そこで祈りを捧げて死者を葬ったといわれる。

また、「死」と似た意味を持つ「亡」は、死体にふたをかぶせて、あったものが無くなるという意味から成り立った漢字である。

金文

篆書

楷書 死

屍

音 シ

訓 しかばね、かばね

意 死者の亡骸。あるいは、死体の骨を指すことも。同じ意味を持つ言葉には、死体、遺体、遺骸などがある。

背を曲げて横たわる死体

「屍」は一文字で死体という意味を表している。甲骨文字を参考にするとわかりやすいが、もとは左に腕を伸ばし、上から下にかけて背や腰を折り曲げるようにして横たわっている死体の姿が書かれていた。「死」という部首は、書体が変化する過程であてられたものである。

一方で、「しかばね」という独特な音は「姓《かばね》」の漢字に由来している。飛鳥時代には、大王から有力な豪族たちに「姓」という称号が与えられていた。

それがもとに死んだ人間を「しにかばね」と呼ぶようになり、後に略して「しかばね」になったといわれている。なお、この「屍」の省略した部首が「尸」である。「尸」を部首とする字には人体にまつわる漢字が多く、尿、屁、屈などがある。

篆書

↓

楷書

屍

喪

音 ソウ
訓 も、うしなう
意 **人が死んだ際、近しい人がその死をいたみ、別れることを悲しむこと。また、その礼儀作法。**

生きたままで棺に入れられた犬

「喪」とは「哭」と「亡」を組み合わせた会意文字であるが、その受け取り方として代表的な説が二つある。

ひとつは人が亡くなるのを悲しんでいるさまを表している、というもの。哭は「慟哭《どうこく》」のように泣くという意味であり、故人のあの世への旅立ちを見送る際、人々が哀しみに泣くということである。

恐ろしいのはもうひとつの方。哭は二つの「口」と「犬」から成るが、これは死者の棺に入れられるいけにえの犬だというのだ。生きたままの犬が入れられた棺は、掘った穴に置かれ、上から土をかけられていく。危機を察した犬たちの鳴き声は次第に弱々しくなり、やがて一切聞こえなくなっていったという……。

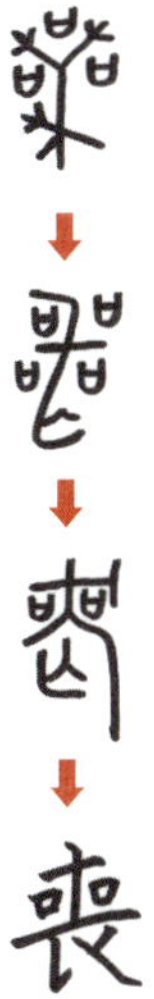
甲骨 → 金文 → 篆書 → 楷書

白

音 ハク、ビャク

訓 しろ、しらける

意 色が白い。または明るい。無色を指すことから、汚れがないという意。何もないさまという意も。

崇拝された権力者のドクロ

死者崇拝の言い伝えは世界各地に伝わる。例えば南米に栄えたインカ帝国では、皇帝の権力は死後も続くとされ、カーニバルではミイラ化した皇帝の遺体を神輿《みこし》に担いだという。同様にエジプトのミイラや日本の即身仏も死者崇拝の一種といえよう。

古代中国でも、有力な豪族は死後も首から上だけを切り離され、崇拝の対象になったという。「白」という漢字はこうした頭蓋骨をかたどった甲骨文字が成り立ちで、その骨の白さから現在の意味になったのだ。

なお、この時代の中国では、死者の魂はいずれ現世に還るものとされ、命日には招魂の儀式が行われていた。そこでは子孫が先祖のドクロをかぶり、先祖の誇った力をその身にまとわせたという。

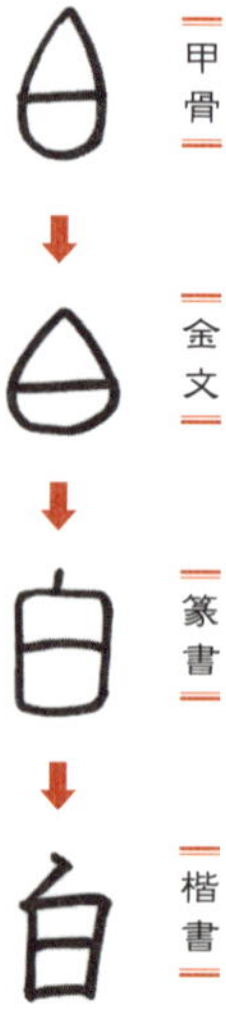

真

音 シン

訓 まこと

意 嘘いつわりのない本当のこと。疑いのない事実。自然のままの姿や様子。道教における根本的な理念など。

真の字に込められた不幸な「まこと」

物を容器で満たすことや天に昇っていく仙人の姿など、「真」の成り立ちにはいくつかの説があり、なかには行き倒れの死体を表しているという説もある。この説によれば、「真」の旧字体は「匕」と「県」を合わせた形で、これらはどちらも逆さまになった死体の様子を表している。そして、その組み合わせから、この字は生き埋めにされた人の姿や突然亡くなった人の姿を表しているというのだ。

なぜ、そのような由来から「まこと」という意味が生まれたのだろうか。それは「誰かの死を知ることは人の手で変えようのない真実のひとつである」ということから来ている。嬉しいことも悲しいことも、目の前にあるのは等しく「真実」ということなのである。

金文

篆書

楷書

解

音 カイ、ゲ
訓 とく、ほどく
意 **答えがわかること。物事の本質を悟ること。説明すること。まとまったものをばらばらにするという意味。**

刀を使った牛の体やツノの解体を示す

「解決する」「解れる」のように、物事がよい方向に行くというプラスのイメージで用いられる「解」だが、漢字の成り立ちは意外なものである。

解の左側は「角（ツノ）」、右側の上は刀で、下は牛から成る会意文字。つまり、刀を使って牛の体やツノをバラバラに分解することを示しているのである。

生き物の解体作業は、残酷なものとして見られがちだが、人が牛や豚など動物の肉を調理し、そして食べるためには、いうまでもなく欠かせない作業である。

生き物を殺すのは残虐な行為と思う人もいるかもしれない。だが、その過程があるからこそ、人や生き物は生きられるということでもあるのだ。

甲骨 → 金文 → 篆書 → 楷書

葬

音 ソウ
訓 ほうむる
意 **死んだ人を死後の世界へ送るための儀式のこと。または、物ごとを隠してなきものにする行為など。**

手厚く土の中に葬られた死体

死体をどのように葬るかは、信仰する宗教観に拠《よ》る。キリスト教やイスラム教を信仰する国で土葬が主流だし、仏教徒の多い日本では火葬が大半だ。あるいは、ヒンドゥー教徒の多いインドのように死体を海や川に沈めて葬る国もある。

中国では「肉体が滅びなければ魂も滅びない」という儒教の考えから土葬が昔から一般的である。「葬」の成り立ちはその歴史を色濃く表していて、草原を表す「艹」が「死」の上下を囲んでおり、草むした場所に死体が土葬されるさまが表されているのである。

放置されたまま死体を指す「死」に対して、丁寧に埋葬された「葬」からは、手厚く埋葬された位の高い人間の死が想像させられる。

金文 → 篆書 → 楷書

放

㊀ホウ
㊁はなす、はなつ、はなれる、ほうる
㊂**外に向けて出すこと。乱暴に投げたりすること。つながれていたものが外れて、物や動物が自由になること。**

横木に吊るした死体を棒で叩く儀式

左側の「方」は、地面と平行に渡した木に死者を吊るしている様を描いた字である。右側は木の枝を表す「卜」と手を表す「又」から成り、木の枝で何かを叩くこと。すなわち「放」という字は、木に吊るされた死体を棒などで叩くという意味なのだ。

古代、死体を殴ることで呪いの力を弱めることができると信じられていた。異民族や敵勢力の侵入を防ぐため、国や県の境で死体を吊るして叩き邪悪な存在を寄せ付けないようにしたのが、「放」の字の持つ意味である。

「放」にはほしいままにするという意味もあるが、死体すらも自分たちのために利用するその死生観には、時代を考慮してもなお恐ろしさを抱かずにはいられない。

篆書

↓

楷書

放

残

音 ザン
訓 のこる
意 **少ない量だけが残ること。使った物などが残りわずかになること。物ごとの一部をそこなうことなど。**

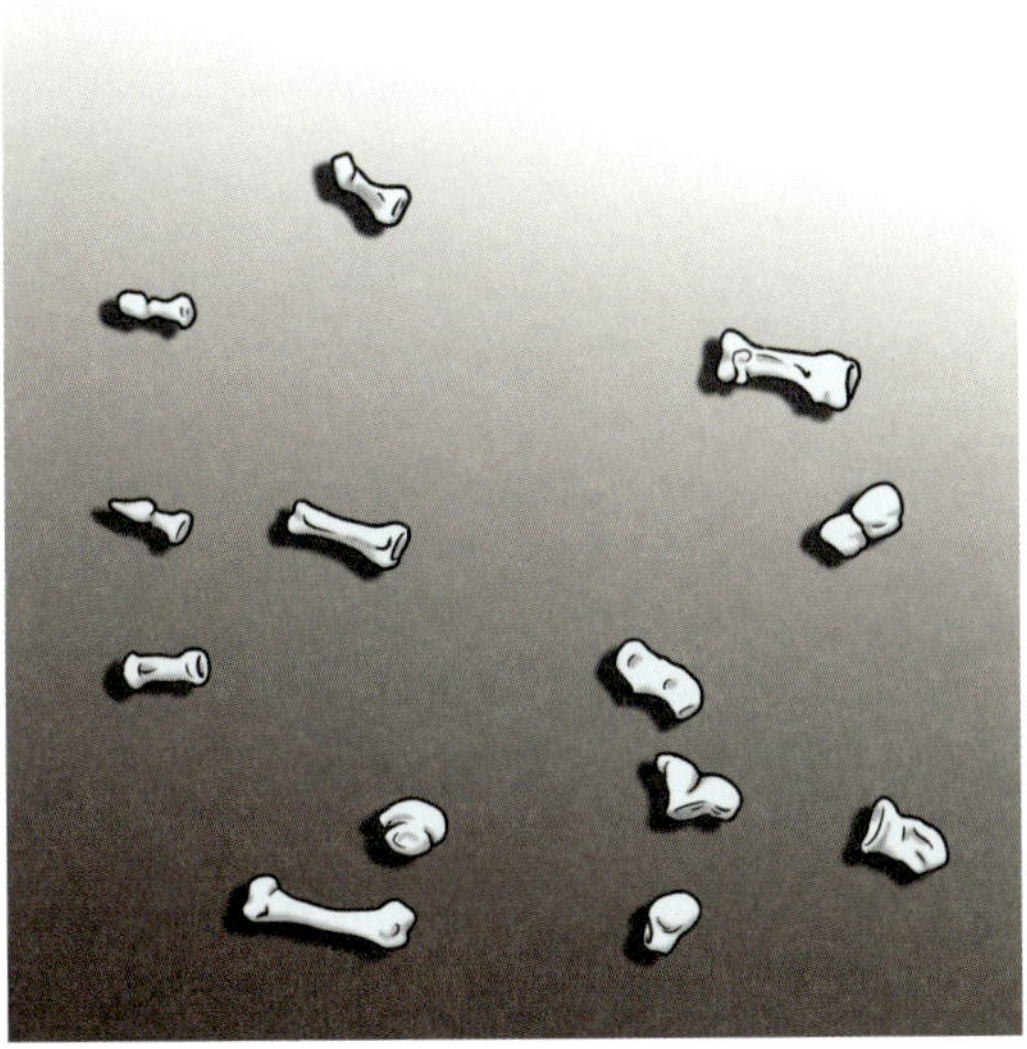

バラバラに切り刻まれた白骨

残念、残業、やり残し、食べ残しなど、「残」は生活の中の様々な不幸な場面に用いられる漢字である。楷書を見るとわかるように、旧字体では「殘」のつくりは「戔」という形をしていた。これは矛（長い棒に両刃の刃をつけた武器）を二つ重ねた象形文字で、ものを刀で削って小さくなるさまである。それに対して「歹」は「死」の部首にもなっているように、骨になった死体を表している。これらを合わせて「残」とは死体をバラバラに刻んだ骨のことで、小さくて置き残された骨片から「残る」という意味が生まれた。

なお、同じ「のこる」という漢字に「遺」があるが、こちらは「辶（道に立ち止まる）」と「貴（贈る）」から成り立ち、道に物を忘れることが由来だ。

篆書 → 楷書

寞

音 バク、マク
訓 さびしい、しずか

意 **姿や声がなく、あたりがひっそりとしているさま。静かなさま。周りの様子や心の中が寂しいさまなど。**

ひっそりと静まりかえった空間

寂寞《せきばく》などの言葉に使われる「寞」は「さびしい」という意味を持っている字である。この中にある「莫」は「艹」の下に「日」があり、大地の中に沈んで見えなくなった太陽を表している。これが「見えない」の意に転じて、「宀」の下に莫がある「寞」は、家の中に人影も人の声もない〝無の空間〟を表しているのである。

「寞」と同じように、莫を部首とする字には寂しい意味の漢字が数多い。例えば、「墓」は死体が見えないように埋められた土盛りを表し、「漠」は水が何もないカラカラの大地を表している。さらに、想像上の動物として知られる「貘《ばく》」は「見えない獣」という意味で、これに加えて「悪夢を消す獣」とも解釈できる。

篆書

↓

楷書

寞

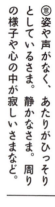

化

音 カ、ケ

訓 ばける

意 もとの形から姿を変えること。お化け。天候や自然の変化。説法や教育により人に影響を与えることなど。

人間が生から死へ変わる様子

「化」の字は「イ」と「匕」の部首に分けられる。古代文字を見てみると、金文のへんは倒れた人の姿を、つくりは座った人の姿をかたどっていて、篆書では、それぞれ普通に立っている人と逆さに立っている人を表している。どちらの字体でも正反対の姿勢を表す様子は、人が生から死へ変わることを示しているという。幽霊や妖怪を指して「お化け」というのもここから来ていて、やがて変化、進化、化学など、生死以外の変化を指す言葉にも用いられるようになった。

「匕」の部首に持つ漢字には、他にも「逆向きになる」という意を含むものがあり、例えば、方角を指すときに使われる「北」は、本来は「相手にそむく」という意味に用いられていた。

夢

音 ム
訓 ゆめ

意 寝ている間に脳内で起こる疑似体験的な感覚。または、将来実現させたいと思い描いている理想など。

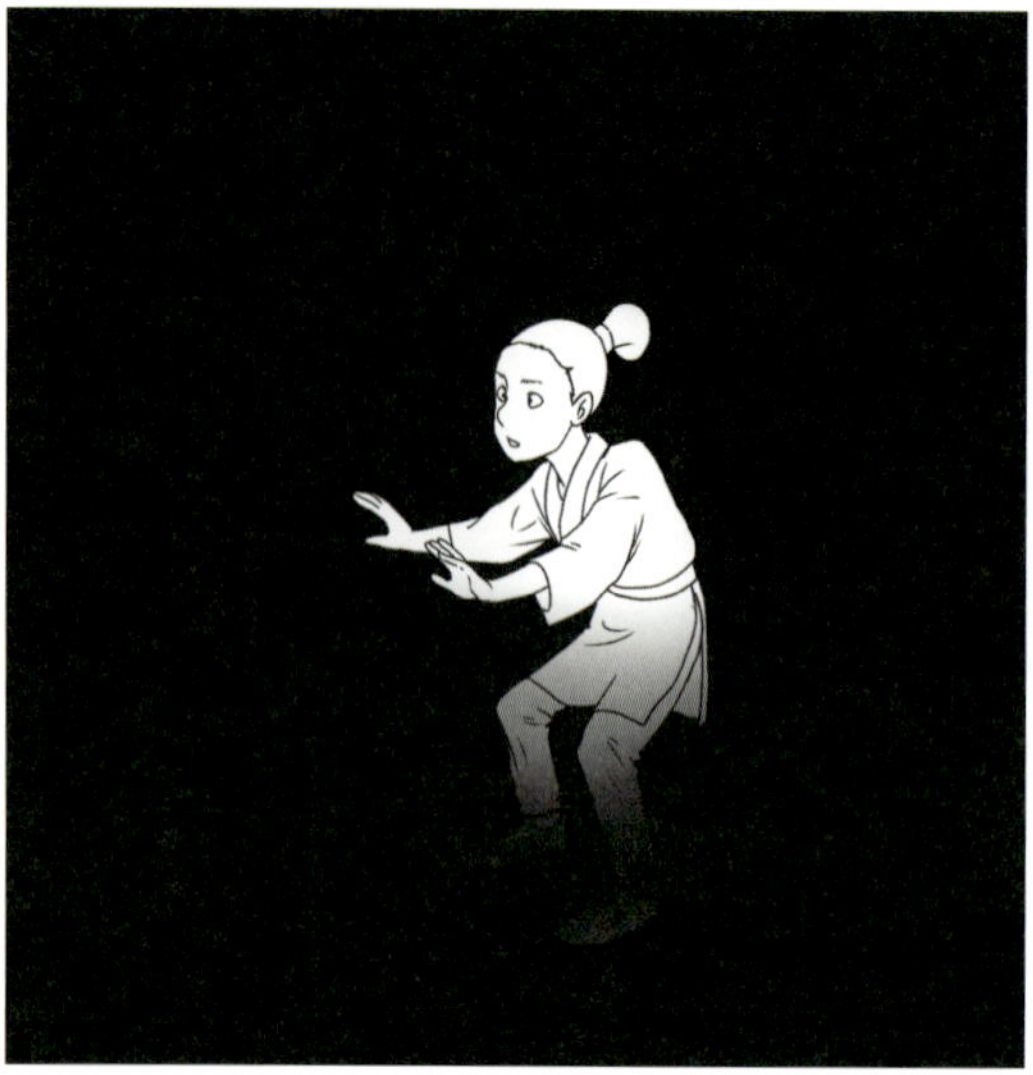

何も見えない孤独な世界

古代の世界では「夢」は未来を映し出したり、お告げをくれるものと信じられていて、中国でも周の時代の王宮には占夢官《せんむかん》というプロの占い師がいたというし、日本でも陰陽師の安倍晴明が夢占いの書を残している。そんな「夢」という漢字の由来は何だろう。

「夢」を上下で分解すると、上の部分は「四」と「艹」から成る。これはそれぞれ「目」と「草原」のことで、目が見えない様子を表している。一方、「夕」と「冖」から成る下部は「蓋に覆われる夕日」で、すなわち夜の暗闇のこと。つまり「夢」という字は、睡眠中に見える空想のビジョンではなく、灯りのない夜の視界にも似た、ぼんやりとはっきり見えない眠りの世界を意味しているのである。

篆書 夢 → 楷書 夢

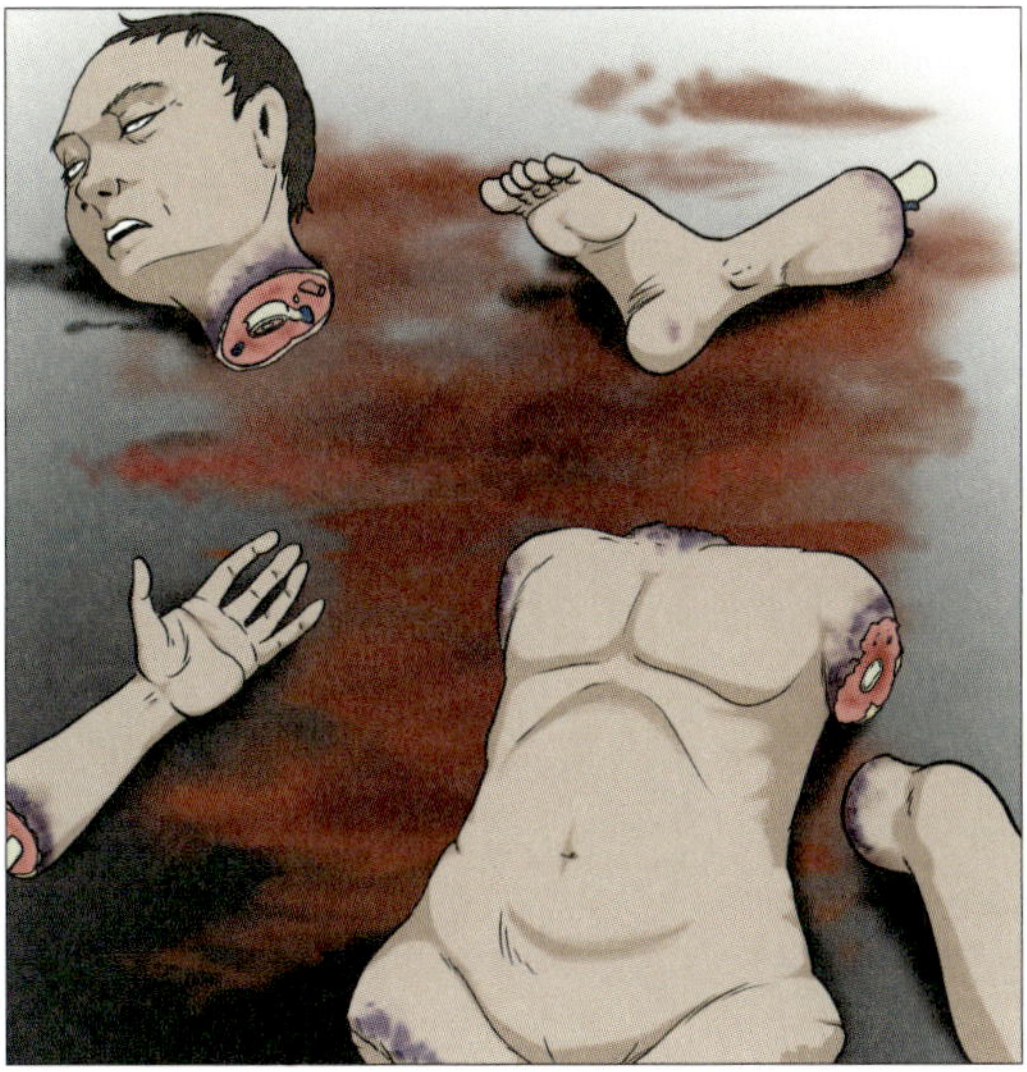

別

音 ベツ

訓 わかれる

意 **離ればなれになること。物や集団などを別々に分けること。区別すること。物ごとの違いなど。**

刃物で切り分けられた人間の遺体

チベットの一般的な葬儀に「鳥葬《ちょうそう》」がある。これは「天葬《てんそう》」とも呼ばれ、死者の遺体を鳥に与えて葬るという儀式。天葬師という専門家のもとへ運ばれた遺体は、一部を分解したり皮や肉を剥《は》いだ後に、ハゲワシを集めた葬儀台に運ばれるという。

「別」という字は、この鳥葬のように人体を分解するさまから成り立っている。この字のへんは「骨」の字の一部が変形したもので関節で繋がれた骨を表し、つくりの「刂」は刀を表している。そして、関節を分解するというところから「ひとつの物が別れる」という意味が生まれたのだ。

「刂」が部首の漢字には、そのほかにも刀に由来する字が多く、「刻」は硬い骨に刀で印を刻むことを、「刺」は肌に刃物を刺すことから成り立っている。

篆書

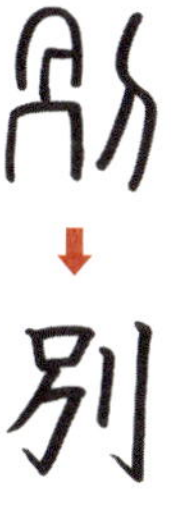

楷書

道

音 ドウ、トウ
訓 みち

意 **ある方向に向かって続いている通路。物ごとや行動の正しい姿。物ごとの模範となる方法など。**

魔除けとして埋められた人の首

かつて、アジアやアフリカ、南米などでは、宗教儀式として「首狩り」を行っていた地域がある。古代の世界では、人の頭部には霊力が宿ると信じられ、異民族を殺し、頭部を集めて保管することで自分たちの霊力が高まると考えられていた。「道」という漢字の成り立ちも、この首狩り文化に近い。

「道」の部首である「辶」は、道で立ち止まる人の姿を表しており、一方の「首」は人の頭部そのものをかたどった象形文字に由来している。つまり「道」は、他人の頭部を持って歩く人の姿を表しているのだ。異国同士の争いが絶えなかった中国にも首狩りを行っていた地域があるという。そこでは異民族の頭を集落の入り口に埋め、邪霊への魔除けにしたと伝わる。

法

音 ホウ
訓 のり
意 **世の中の安全を守るための決まりごと。決まったやり方。刑罰の決まり。模範や手本。仏教の教えなど。**

正義を司る神獣を閉じ込めた場所

古代文字を見るとわかるように、古い「法」の字はとても複雑な字形だった。篆書の「法」は「廌（神話上の獣）」と「去（引っ込める）」に「氵（川）」を組み合わせた形で、川に囲まれた場所に神獣を閉じ込めるさまを表していたという。

この神獣は中国に伝わる「獬豸《かいち》」という生き物で、その姿は麒麟のような姿だったとも、馬と鹿を合わせたような姿だったともいい、日本の狛犬もこの獬豸がモデルであるといわれる。「法」が決まりごとや裁きを意味しているのは、獬豸が正義の象徴とされていたのが由来。善悪を判断する力を持っていた獬豸は、争いごとで悪と判断した者を裁き、鋭い一本角でひと突きにした。この時代には、法律を司る役人の帽子にも獬豸が描かれていたという。

篆書

↓

楷書

法

魔

音 マ
訓 のり
意 不思議な力を持った魔物。何かにとりつかれたかのように、物ごとに熱中するさま。怪しい術など。

無差別に殺人を繰り返した悪魔

「魔」の成り立ちは、インド仏教の聖典に登場する悪魔「マーラ」を漢訳した際に「麻」の音と「鬼(幽霊)」を合わせた文字をあてたことが由来。「マーラ」とは、厳密には釈迦《しゃか》の修行を阻もうとした数々の煩悩の化身のことをいい、その中には「アングリマーラ」という殺人鬼がいた。

魔力を駆使したアングリマーラは、999人の人々を無差別に殺し、死者の指を首飾りにしていたという。そして1000人目の標的として釈迦を狙ったが、その場で諭されて弟子となり、以後、一切の殺生をやめたという。

改心前のアングリマーラは、いわば究極の「魔」そのものだったが、罪人も善行に努めれば赦されるという例えとして現在も語り継がれている。

篆書

↓

楷書

魔

魅

音 ミ

訓 ―

意 もののけや妖怪類。あるいは妖精。人の心をひきつけて惑わせるものなど。

幽霊よりもおそろしい魔性の妖怪

魅力、魅了、魅惑といった言葉には美しい響きを覚えるが、魑魅魍魎《ちみもうりょう》という言葉のように、「魅」という漢字には「化け物」という意味がある。「魅」の部首である「鬼」は、中国では死者の亡霊のこと。「未」は本来は木の梢を表す部首だが、ここでは「未知の存在」という意味で用いられている。亡霊というだけでも十分恐ろしいが、「魅」はその恐さを凌ぐ魔力を持った妖怪。その魔性の部分だけが引き出されて、魅力などの言葉に用いられているのである。

妖怪には、自然界と結びつき、山魅《やまのかみ》、木魅《こだま》、邪魅《じゃみ》といった名前を持つ者がいる。また、平安時代に大陸から伝わった厭魅《えんみ》という妖術は、木や藁の人形を使って人を呪い殺すことができたという。

甲骨 → 篆書 → 楷書

方

音 ホウ
訓 かた

意 方角。方向。物ごとの方向。味方。手段や方法。人を敬って呼ぶ言葉。別個に分かれたものの一方など。

魔除けとして吊るされた死体

「方」の成り立ちは、農具の鋤《すき》を書いた形という説もあるが、それとは別にもっと残酷な説もある。

「道」の字の解説で、古代では人の頭に霊力が宿ると信じられ、異民族の頭部を吊るす風習があったことを話したが、「方」の成り立ちもそれに近い。

「方」の字形は、異民族の国との境界線に木の櫓《やぐら》を立て、死体を吊るした様子をかたどったもの。「道」の首と同じように、死体を魔除けにして外から入ってくる邪霊を祓《はら》ったのである。そして、同じような櫓が四方に置かれたことから「方角」という言葉も生まれたのである。

「方」のような普段よく見慣れた文字ですら、このような怖い由来を持っているのだから、やはり漢字の世界は奥深くて恐ろしい。

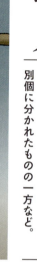

密

音 ミツ

訓 こまやか・ひそか・みそか

意 **しっかりと隠されていて外からは見えない物ごと。あるいは世間から離れて閉ざされた場所を指す。**

畏れ崇められた深山の聖地

「密」の字を分解すると、「宀」は閉ざされた空間、「必」は左右両側を木の棒で挟み込むさまをかたどった象形文字で、「深く閉ざされた山」を表していることがわかる。

　日本にも富士山信仰や白山信仰のような山岳信仰が古くからあったように、中国にも山を信仰の場所としてきた歴史がある。例えば、紀元前から中国に伝わる道教には、四川省の青城山、江西省の龍虎山などの四大名山をはじめ、聖地とされている山が各地にある。ある山は深い霧に囲まれ、またある山は鬱蒼とした森の中にあり、それらはかつて、道士の修行の場として足を踏み入れることが難しい場所にあった。「密」が示す山もきっと、そうした神聖的な場所だったのだろう。

金文 → 篆書 → 楷書

幽

音 ユウ
訓 かすか、くらい
意 **奥深いこと。ほのかなこと。奥ゆかしいこと。秘密にすること。深く沈み込むこと。霊界とつながること。**

一寸先は何が潜んでいるかわからない闇

多くの人にとって「幽」の字で思い浮かぶ言葉といえば、やはり幽霊だろう。

「幽」は、「山」と「幺（糸のような細く小さな存在）」が合わさった会意文字で、すなわち、ほの暗い山の中でわずかにしか見えないものを表している。そうした成り立ちから後に、「うっすらと現れる死者の魂」という現代で使われるような意味になったのである。

そのほかの用語は、奥深い谷を表す「幽谷」や、計り知れない奥深さを表す「幽玄」など、幽霊のように怖い印象はない。しかし、ランプや電灯などなかった古代にしてみたら、ほの暗い場所というのは、たとえ一寸先でも何が潜んでいるかわからない恐怖を抱くものだったのかもしれない。

甲骨 → 金文 → 篆書 → 楷書

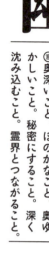

了

音 リョウ
訓 おわる、さとる
意 **物ごとが結末を迎えること。取りかかっていたことにけりがつくこと。物ごとをはっきりと悟ることなど。**

両腕を失くした子供の姿

「了」の字は「終わる」という意味があるが、その成り立ちにはいくつかの説がある。ひとつは、赤ん坊を布に包み「終えた」姿を表しているという説。もう一方は、長い物を結わえた形とする説で、長く続いたものが止まって「終わる」ことから来ている。

そしてもうひとつは、両腕を切り落とされた子供の姿をかたどっているという説だ。一見するだけでは気付かないが、確かに「子」という漢字から横棒を取り除くと「了」の字になる。この横棒が両腕を指しているというのだ。

両腕のない子供から、なぜ「終わり」という意味に繋がるのかは不明だが、その解釈によって、愛される子供と傷ついた子供という両極端の姿が見えてくる不思議な漢字なのである。

篆書

↓

楷書

了

劉

音 リュウ

訓 ころす

意 **大量に殺すさま。塗料などが剥げ落ちたさま。まさかりのような武器。中国人の一般的な姓のひとつ。**

偉大な姓の意外な成り立ち

漢字という言葉のもとになっている漢は、紀元前206年から前漢・後漢の二つの期間にまたがり、延べ400年以上続いた一大王朝である。その漢を築いたのは初代皇帝の劉邦《りゅうほう》。以後、漢王朝は劉氏の世襲が続き、後漢を再興した光武帝《こうぶてい》（劉秀《りゅうしゅう》）や『三国志』の物語にも登場する献帝《けんてい》（劉協《りゅうきょう》）などの皇帝が生まれた。この時代には皇帝から劉姓を賜った人々も多く、現在でも劉は中国で四番目に多い姓である。

しかしながら、劉という漢字に「殺す」という意味があることはあまり知られていない。そもそも成り立ちからして、刀でバラバラに切り離すという意が表現されているのだ。中国の姓は4000年以上前を起源とする字が多く、「劉」姓もそのひとつ。その語源とはかけ離れて浸透した漢字といえる。

篆書

楷書

列

音 レツ

訓 つらなる、つらねる

意 人や物が並んでいる様。また、並べること。ある場に加わることや、気性が荒いという意味もある。

鳥に肉を食わせるため骨を並べた

「列」の左の部分が表しているのは骨。「刂」は刀であり、骨と刀で成り立つ会意文字である。意味しているのは、人や獣の骨を切り離して整然と並べることである。

人の骨を切り離して並べるのには、もちろん理由があった。それは故人の魂を送り出すためである。

かつて中国では、死者の肉体を山や丘に安置し、その肉を鳥に食わせることで弔う鳥葬という儀式があった。ちなみに、この鳥葬は今も一部地域でおこなわれている。

鳥は人肉をえさとすることで生命活動を続け、また、天に向かって故人の魂を運んでいく。切り離した骨を並べるのは、鳥たちが肉をついばみやすくするためであったのだ。

篆書

↓

楷書

列

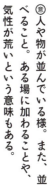

column

実は怖くなかったアノ漢字 ①

実は怖かった漢字とは反対に、不幸な印象がありながら実は成り立ちは怖くなかった漢字もある。現代と正反対の意味の字もあり、怖い漢字とは別の驚きがあるはずだ。

亡

音 ボウ
訓 なくす

もともとは、ついたてで物を隠したり、見えなくしたりすることを表していた文字。それがいつしか、「物が見えなくなる＝命が消える」という意味に転じて、死ぬの意になった。

不

音 フ
訓 ず

不安、不幸など、否定を表す漢字だが、その成り立ちは、ふくらんだ花のがくをかたどった甲骨文字から来ている。同じ音の言葉に転用されて、否定に用いられるようになった。

仇

音 キュウ
訓 あだ、かたき

「九」にはひとところに集まるという意味があり、「仇」はそもそも仲間が集まるという成り立ちの漢字。同志の「相手」という意味が転じて、現代のように敵を表すようになった。

弔

音 チョウ
訓 とむらう

成り立ちは甲骨文字で、木の棒に植物のつるが垂れ下がるさま。もしくは、矢に糸を巻きつけるさまともいわれる。それがなぜ「とむらう」という意味に転じたかは定かではない。

卑

音 ヒ
訓 いやしい

短くて薄っぺらいしゃもじを持った手をかたどった甲骨文字。薄くて小さいの意が転じて「身分が低い」という意になった。小型軽量化がもてはやされる現代ならば反対の意味になったかも。

禿

音 トク
訓 かむろ、はげ

はげは漢字で書くと「禿」となる。もともとは稲から実が落ちた状態を表した会意文字で、そのさまを髪の毛がなくなる様子に例えて、人の姿にも使う漢字になったのである。

「苦痛」にまつわる怖い漢字

痛

音 ツウ
訓 いたい

意 **病気や怪我で体がジンジンと痛む。心が身を裂かれたかのように傷つく。かわいそうであるさまなど。**

全身をジンジンと駆け巡る痛み

「痛」は「疒」に「甬」を組み合わせた会意文字である。「疒」は人が寝台に寝ている様子から生まれた部首。一方の「甬」は「通り抜ける」や「上下を行き交う」といった意味を持っている。つまり「痛」は、病人の体に痛みが駆け巡る様子を表した漢字なのである。

「疒」を部首に持つ字には、「痛」のように不健康に関する漢字が多い。例えば、「病」は病気になって体が思うように動かないことを、「痰」は熱が出て粘り気のある唾が出てくることを、「痔」は尻が痛くてじっとしていられないということを意味している。なお、「痛」には愉快な気持ちを表す「痛快」という言葉もあるが、この言葉は体じゅうの痛みが吹き飛ぶような心地よさが語源である。

篆書

↓

楷書

痛

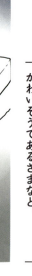

今

音 コン、キン
訓 いま

意 過去と未来をつなぐ時間。現代の世の中。ごく近い将来のこと。ごく最近の過去のことなど。

今まさに獲物を捕らえた瞬間

「今」という漢字の成り立ちは、ある一瞬の出来事に由来している。

甲骨文字などからわかるように、「今」の古代文字は現代よりもシンプルで、「人」と「一」から成り立っていた。このうちの「人」は網や囲いのことで、「一」は狙われている獲物のこと。つまり「今」とは、まさに獲物を捕獲した瞬間を表し、さらには捕らえられた獲物が逃れられない姿から、ある一定の範囲に留まった時間も意味している。

なお、「今」は「口」と結びついて「含」「吟」という字になる。どちらも「覆い隠す」の意を含んでいて、「含」は口の中に隠すことから、「吟」は口にふたをするように低い声を出すことから成り立っている漢字である。

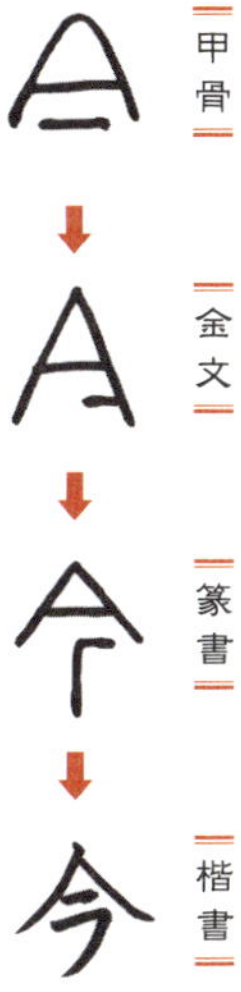

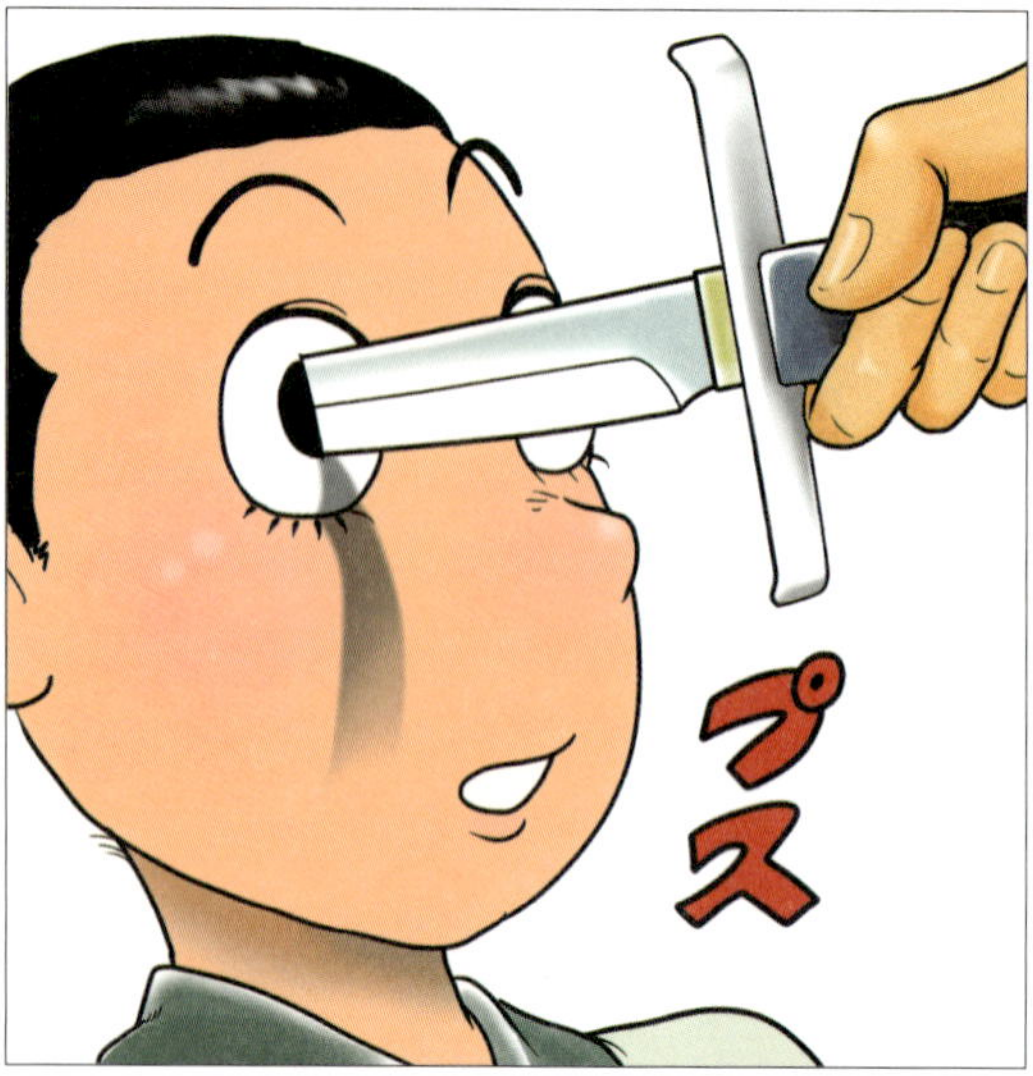

恨

音 コン
訓 うらむ

意 心にいつまでも根深く残っている残念な気持ち。他人から受けた仕打ちに対する不満や不信感。

いつまでも消えない心の傷跡

「恨」のつくりである「艮」は、刃物で眼に傷をつけることや眼に刺青を入れることを表していて、そこからいつまでも消えない跡という意味が生まれた。古代中国では、海洋民族に刺青の風習があったほか、漢の時代には眼の周りに刺青を入れる「黥《げい》」という刑罰がおこなわれており、目元にある刺青は前科者の証だった。

この「艮」と、人の心を意味する「忄」とが合わさった「恨」の字は、心に消えない傷を残すという意味から成り立っている。そこから、いつまでも根に持つことという意味が派生したのである。

同じく「うらむ」と読む漢字に「怨」があるが、厳密な違いは「恨む」は不満や不快感への感情を、「怨む」は憎しみへの感情を表している点にある。

篆書

楷書

陥

音 カン
訓 おちいる、おとしいれる

意 穴に落ちる。苦しい状態に追い込まれて良くない状態になる。人を罠にはまらせることなどの意。

落とし穴にはまった不幸な人

陥没、陥落などの用例がある「陥」の字は、「阝」を部首に持つ。「阝」は「阜」が変化した部首で、土を集めて積み上げた段を表している。つくりの部分は、古代文字では「臽」と書き、人が穴に落ちることを意味していた。これらの部首が合わさって、「陥」は「落とし穴に人が落ちる」という意味を成している。落とし穴は古典的な罠のひとつ。狩りのために作った落とし穴や、落とし穴のように相手を罠にかけることを示す「陥穽《かんせい》」という熟語もある。

また、「臽」の漢字の仲間に、閻魔《えんま》大王の名に用いられる「閻」がある。この字が表すのは「穴の入り口となる門」。閻魔大王が死者の魂の行き先を司る王であることから、この字があてられているのである。

篆書

↓

楷書

陥

咳

音 ガイ

訓 せき、せく、しわぶき

意 のどや気管が刺激を受けて、反射的に口から短く息を吐きだすこと。「しわぶき」は咳、咳ばらいの意味。

痩せさらばえて体から浮き出る骨

「咳」の「亥」は、豚の骨格を表す象形文字。骸などの原字であり、骨ばってゴツゴツとしているという意味を表している。この「亥」に「口」を足したものが「咳」という字である。

　いうまでもなく、咳を多くするのは体が不調だということ。ぜんそくや結核を例に出すまでもなく、咳は人間の体力を容赦なく奪っていく。

　凶作に見舞われた土地では栄養失調からか、せき込む者たちが続出したという。顔は青白くなって眼窩は落ち窪み、肉が削げ落ちた頬や胸元には骨が浮き出る。その者たちの終わりを待つかのようにハエが飛び回る中、やがてその者の目に宿っていた光がふっと消える。そんな残酷な光景が目に浮かぶようである。

篆書

↓

楷書

乏

音 ボウ
訓 とぼしい
意 **財産などがなく貧しいこと。必要な物が足りていないこと。力を使い果たして疲れていること。**

生活もままならない貧しさ

「乏」とは、不幸の固まりのような漢字だ。貧乏、窮乏など、悪い印象の字と結びついて恐ろしい言葉になる。また、陰暦では穀物が底をついて食べ物に困る四月には「乏月《ぼうげつ》」という呼び方もあった。

　そんな「乏」の成り立ちは「正」の反対という意味に由来している。篆書を見ると、確かに「正」の左右を反転させた形に近い。「正」には「まとも」という意味があるので、それが反対にした「乏」は「まともではない」ということ。すなわち「乏」とは、困窮してまともな生活ができないさまを表していて、それが「とぼしい」の意に用いられるようになったのである。

　ちなみに、「乏」は主に力や物の貧しさを表す言葉で、主に金銭の貧しさを表す言葉が「貧」である。

篆書

↓

楷書

乏

棄

音 キ
訓 すてる
意 **物を捨てること。乱暴に投げ捨てること。廃止すること。途中でやめること。忘れ去ることなどの意。**

生まれたばかりの子を捨てる親の姿

　現代では「捨て子」という書き方が一般的だが、「捨」は、持つ手を放して捨てるという意から成り立った会意文字。文字の成り立ちから考えると、実際には「棄て子」の方が正確な意味を表している。「棄」の字の上部は逆子で生まれた赤ん坊を表した甲骨文字である。その下はゴミを入れるカゴとそこに添えられた手をかたどっていて、つまり「棄」とは、その一文字で赤子を捨てることを意味しているのだ。古代の中国では、経済上の理由などによって、生まれたばかりの赤子を川や山に捨てることが珍しくなかったという。カゴに差し出されているのは母親の手だろうか。「棄」の字からはお腹を痛めて産んだ子供を泣く泣く手放す母親の悲哀の姿が思い浮かぶのである。

金文

篆書

楷書

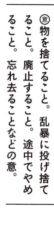

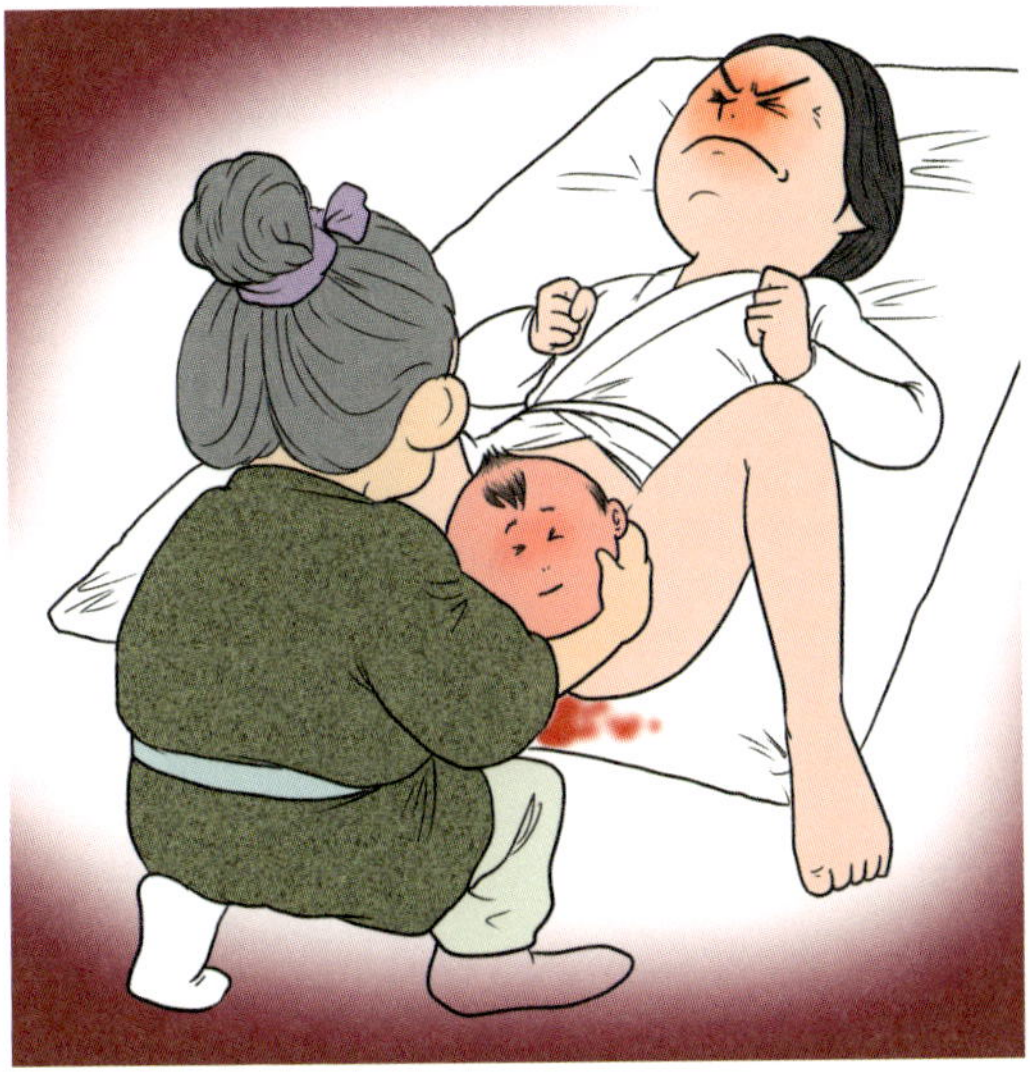

換

㊟ カン
㊟ かえる
㊟中身を入れ換えること。取り換えること。または、ある場所の中にいる人などが入れ替わることなど。

苦しみの先には喜びがある

マラソンでよい成績を出したり、過酷な受験勉強の末に合格を勝ち取ったりと、苦しみや痛みの中には乗り越えた先に幸せが待っているものもある。女性にとっては出産の瞬間もそうした苦痛のひとつだろう。

交換、換算などの言葉で、主に「かえる」という意味で用いられる「換」だが、意外にもその成り立ちは女性のお産に由来している。「換」のつくりは立った妊婦が股を広げている様子をかたどった形で、そこに支える人の「扌（手）」が合わさり、妊婦から赤子を取り出す様を表しているのである。

医療技術に乏しかった時代の出産は命がけの作業。そのため古代の人々は、出産の苦痛を乗り越えた女性に大きな感謝の念を抱いたという。

篆書

楷書

換

克

音 コク
訓 かつ、よく
意 壁を克服する。課題などをやりぬく。力を尽くして勝つ。克明のように「よく」という用例もある。

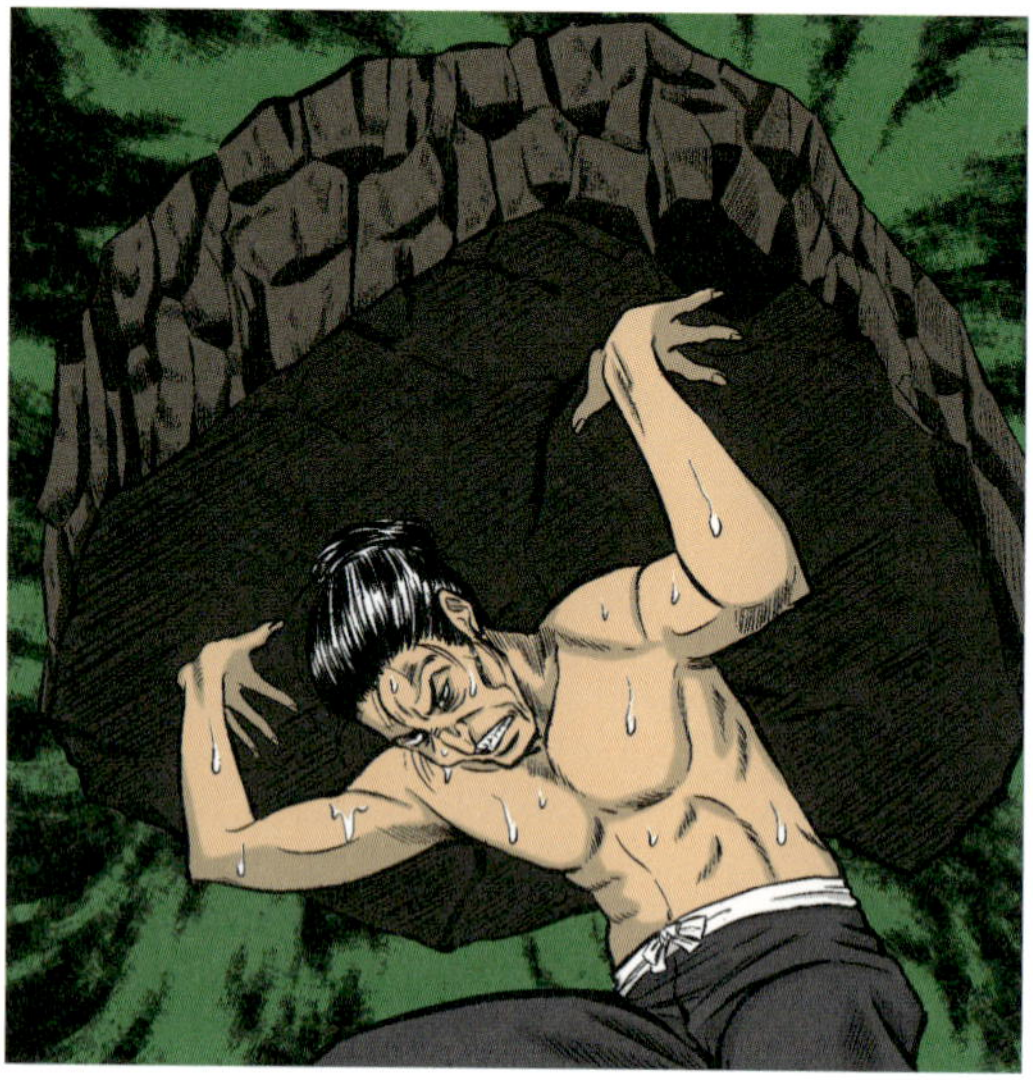

重たい物を支えて耐える男の姿

「克」というのは自らの心と戦うこと。字の成り立ちからも、その意味を伺うことができる。

「克」の字は「十」と「兄」に分けられる。「兄」とは年長の男性のことで、その上に置かれた「十」はここでは重たい兜のこと。つまり「克」とは重たい兜に耐えてがんばる男の姿を表していて、そこから「がんばって耐えること」全般を意味することになったのだ。人の力が中心だった時代には何かと重い物を支える場面も多かったに違いない。

ちなみに、江戸時代には「石抱《いしだき》」という拷問があった。これは三角形の角材の上に罪人を正座させて、膝に重たい石板を積み重ねていくという責め方。石が増える度に足に木の角が食い込み、痛みに打ち克てず絶命した者もいるという。

甲骨 → 金文 → 篆書 → 楷書

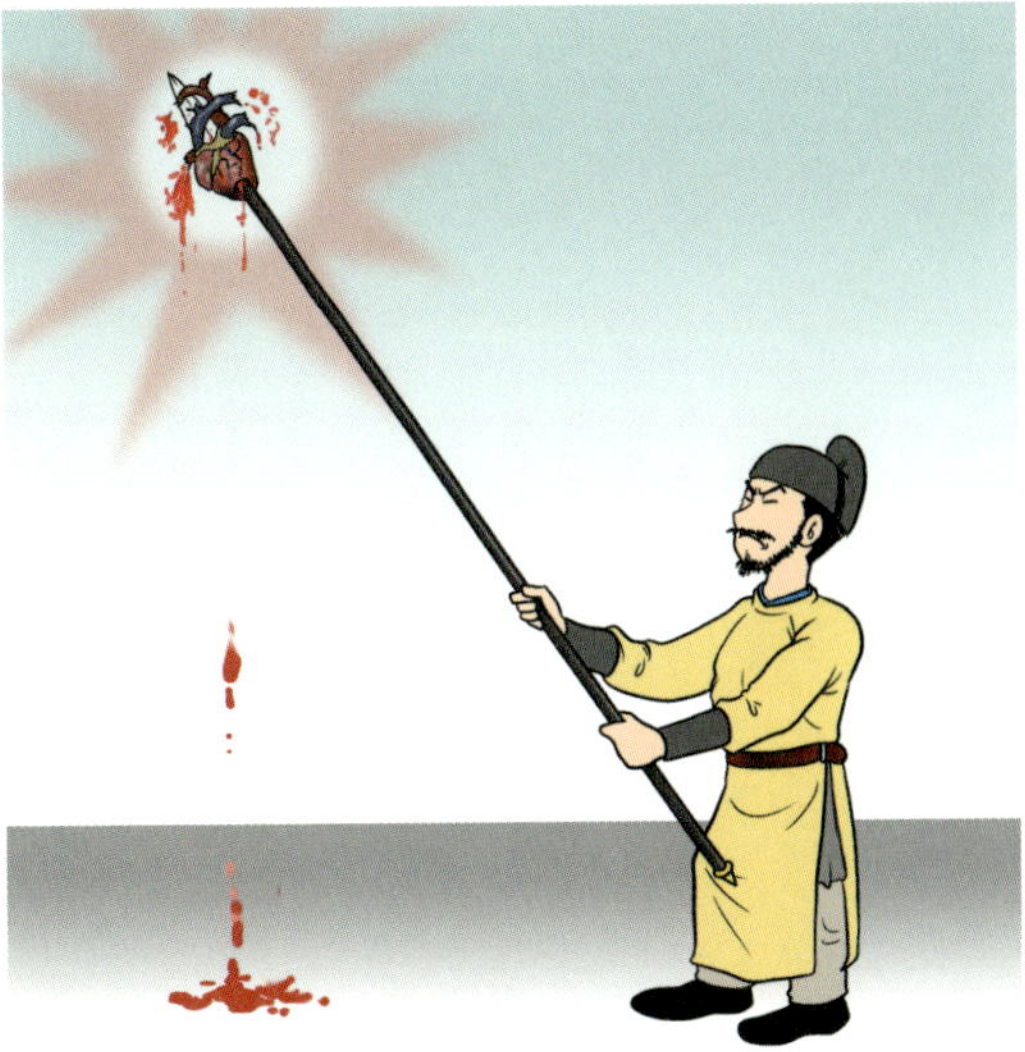

患

音 カン
訓 わずらう
意 心配ごとが絶えないこと。くよくよと気にすること。病気にかかること。悩みを抱えることなど。

鋭い槍で突き抜かれた心臓

患部、疾患、患苦など、「患」という漢字は、肉体的な苦痛と精神的な苦痛のどちらにも用いられる。
四角を縦に貫く線は物に棒を通すことを表していて、「患」の一部である「串」は、棒で二つの物を串刺しにする様子を表している。そして「串」の下には「心」があるので、これを直接的に解釈すると、「患」は槍で心臓を串刺しにするという意味になる。そのまま想像するとゾッとするくらい残酷な光景を思い浮かべてしまうのだが、おそらくこれはひとつの例え。実際には、心を幾度も傷つけるような「わずらい」のことを表しているのだろう。とはいえ、一瞬で終わる痛みよりも、いつまでも留まり続ける痛みの方が長い目で見れば辛かったりすることもあるのだが……。

篆書

楷書

凶

音 キョウ
訓 おそれる、わざわい
意 **心がむなしいさま。悲しいさま。作物のできが悪いこと。運や演技が悪いさま。災い。ひどいことなど。**

もがいてももがいても穴から出られない

中国では人が狭い場所にはまって出られなくなるという事故がよく起こる。ビルの隙間やマンホールなどその場所は様々で、日本のニュースで報じられることもしばしば。

「凶」はそれに似た境遇から生まれた漢字で、「凵（深い穴）」に落ちてしまった不運な人を表している。その穴はひとりで出られるような高さではなく、そこから「不吉」や「むなしい」という意味が生まれた。

なお、「凶」の成り立ちには別の説もあって、人が亡くなった時に死体に悪霊が入ってこないよう、胸に朱色で×印をつけたことが由来ともいわれている。また、「凶」の派生に「儿（人の足）」がついた「兇」という字があり、こちらも人を貶める極悪人などの意のある不吉な漢字である。

篆書

楷書

可

音 カ
訓 よい、べし

意 ある物事を許すことができる。よしとする。できる、なし得る状態。日本語の「べし」にあたる。

首を前倒しにされて声が出せない

「可」の成り立ちには諸説ある。中でも興味深いのは、かぎ型と「口」の会意文字という説。表しているのは、のどが屈曲して声がかすれている状態のこと。つまり、首を前倒しにされて苦しくて、かすれた声しか出せない状態になっていることを指す。単純に考えれば、これは人間が拘束されている様を表しているのだろう。

罪を犯したのか、はたまた無実の罪で投獄されたのか。いずれにせよ、男は牢獄にぶち込まれていた。体も満足に伸ばせないような狭い牢獄。男はその外に向けて自分の無実を訴えたことだろう。それが届けば無罪放免。これからも生きていくことが可能になる。だが、仮に届かなければ……いうまでもないだろう。

甲骨

金文

篆書

楷書

可

乞

音 キ
訓 こう

意 言いにくそうに請い求める。欲しい物をねだる。「乞命」「乞身」など、許しを求めるという意味もある。

息をするのも苦しい物乞いの姿

中国は現在でも身分意識が強い国だといわれるが、既に秦の時代には全人民を良民と賤民とに分ける「良賤制《りょうせんせい》」という身分制度があり、その最下層には物乞いのような人々も存在した。

物乞いの「乞」という字の古代文字は、フタの下に閉じ込められた息が漏れ出るさまをかたどっている。これが意図しているのは、息もできないような苦痛のこと。そこから物を乞う行為を指す文字にあてられたのである。

ちなみに、栄枯盛衰の激しかった中国の歴史上には、低い身分から奇跡的な成り上がりを果たした人物もいて、漢を築いた劉邦《りゅうほう》（高祖《こうそ》）や明を築いた朱《しゅ》元璋《げんしょう》（洪武帝《こうぶてい》）は、物乞いに近い身分から皇帝にまで昇りつめたことで知られている。

篆書

楷書

号

音 ゴウ
訓 さけぶ
意 **大声で叫ぶさま。名前をつけること。記号などのしるし。乗り物などの名前に添えられる言葉など。**

生き埋めにされた人の悲痛な叫び

号には「号令」「怒号」など、大きな声を出すという意味の言葉がある。

篆書を見ると理解しやすいが、「号」の字は、「口（首より上）」だけを残して体を生き埋めにされ、大声で助けを求めるさまを表している。何らかの罪を犯したからか、戦に敗けたのか、なぜ生き埋めにされたのかはわからないが、身動き取れずに泣き叫ぶ姿は想像するだけで恐ろしい。

中国では秦の時代に生き埋めの記録が多く、秦と趙が争った長平の戦いでは、秦の将軍の命令で40万人もの趙の捕虜が生き埋めにされたという。さらに中国統一後にも、焚書坑儒《ふんしょこうじゅ》という儒教への激しい弾圧を行い、４００名以上の儒学者を生き埋めにしたと伝わる。

篆書
楷書

沈

音 チン
訓 しずむ
意 水の中に沈むさま。物ごとにどっぷりとはまり込むさま。気分が落ち込んで元気がない様子など。

水の中でもがき苦しむ人間の姿

古代の中国には「沈祭《ちんさい》」という儀式があった。「沈」のつくり「冘」は、もともと沈祭の生贄となった牛を川底に沈めることを表していた。それが時を経て、人間の様子を表す部首となり、「氵（水）」と並べられて、人間に重しを課せて水の中へ沈めるさまを意味するようになったのである。

身も心も溺れて何かに深入りすることは身を滅ぼす。「沈」と同じ「冘」を部首とする漢字にはそうした意味を持つ字が多い。例えば「酉（酒壺）」を偏に持つ「酖《たん》」という字は「酒に溺れる」の意。さらには「虎視眈々」という四字熟語に使われる「眈《たん》」は、「虎がじっと狙い見る」という意味を持つ。また、死に至る毒を持つ鳥「鴆《ちん》」もこれに含まれる漢字のひとつである。

篆書

↓

沈

楷書

丞

音 ショウ、ジョウ
訓 たすける

意 **両手を出して助ける。主君を補佐する。上へと進む。昔の中国では皇帝に次ぐ役職を丞相《じょうしょう》といった。**

落ちた人を救い上げる両手

「凶」が落とし穴であることや、「沈」が水の中に人を沈めるさまであることは先の項で解説したが、ここでは、それに対して落ちた人を救うことから成り立った漢字を紹介しよう。

「丞」は、中国でも日本でも宮中を補佐する重要な役職の呼称に使われてきた漢字。甲骨文字は、川や穴に落ちた人とその人を救い上げる手をかたどっていて、そこから助けること全般に使われるようになった。落ちることは災難だが、その絶望から救い上げてくれる、ありがたい成り立ちの漢字なのだ。

なお、「丞」から派生した字は「上がる」という意味を内包し、例えば「烝」は火が上がるということを、「蒸」は水蒸気が上がるということを表している。

凄

音 セイ

訓 すごい、さむい

意 寒さや暑さ、寂しさなどがすさまじいさま。物ごとの状態が並外れているさま。優れていることなど。

凍えるような寒さに堪える人の姿

「凄」には「すごい」という意味があるが、その意味があてられたのは漢字が日本に伝来してからのこと。もとの成り立ちは、恐ろしい光景を連想させる。

「凄」の字は「冫」と「妻」という部首に分かれる。このうち「冫」は氷を表している部首で、一方の「妻」は主人に寄り添うように身近な存在という意味を持っている。これらが合わさって「凄」の字は、氷が肌に張り付いたような寒さに凍えることを表している。日本では、そのすさまじさに例えて「すごい」という意味で用いられるようになった。

なお、「凄」に似た漢字に「淒」がある。意味も字体もほぼ同じ二つの漢字だが、「氵（水）」を部首とする「淒」は、風雨が差し迫る様子を由来としている。

金文

篆書

楷書

凄

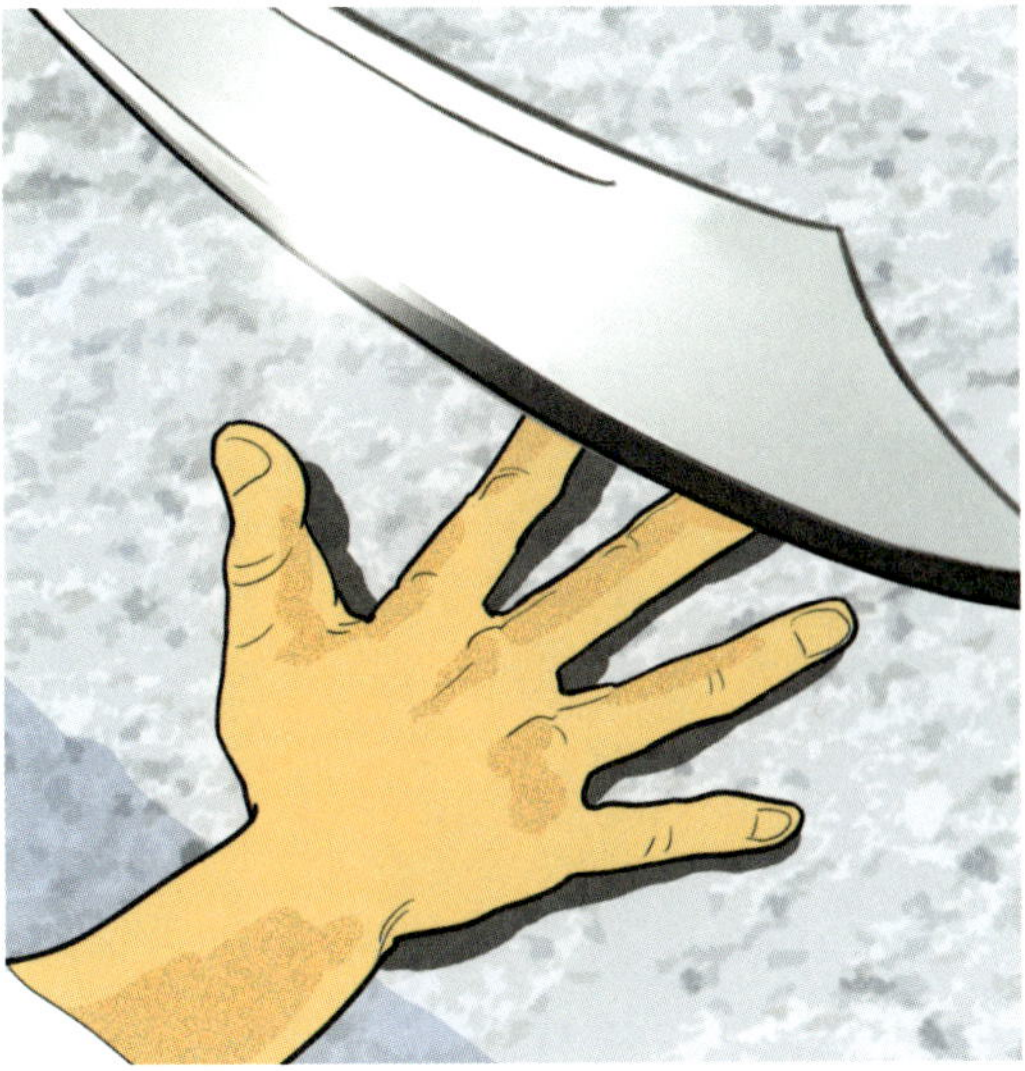

絶

音 ゼツ
訓 たえる
意 物ごとをすっぱりと切る。関係を切り捨てる。物ごとが切れて途絶える。人がいないなど。

刃物で人の肉を切断する

「絶」を用いた言葉には、絶世、絶頂のように明るい印象の言葉もあれば、絶交、絶命のように暗い印象の言葉もある。

「絶」のつくりは、古代文字では「刀」と「卩（ひざまずく人）」を組み合わせた形だった。これは刃物で物を切る人のことで、そこに「糸」が並べられ、細かく切るという意味が生まれた。切ったものは糸や布、さらには人の肉も含まれていたといい、やがてあらゆるものを切ることの意味に発展した。

一方で「絶」には、絶対、絶品のような「この上ない」という意味もある。これは法華経の経典から生まれた用法で、並び立つものがあることを「相対」と言ったのに対して、並び立つことがないことを「絶対」と説いたことが由来とされる。

篆書

↓

楷書

絶

斃

音 ヘイ
訓 しぬ、たおれる

意 **体を壊して倒れること。突然の出来事によって亡くなること。人を殺すこと。物が使えなくなることなど。**

体を裂かれるように死ぬ

「たおれる」という言葉には「倒れる」と「斃れる」とがあるが、より残酷な成り立ちを持つのは「斃れる」の方である。

「斃」という字は「敝」と「死」によって構成される。「敝」は「巾」「八」「攵」の集まりで、「布を左右に破いて処分すること」という意味。その下に「死」が置かれているため、直訳すると「斃」とは、体を左右に破かれるようにして死ぬこととなる。そこから過労や病気で倒れること、さらには生活に関わること以外にも用いられるようになった。

なお、同じく「敝」を部首に持つ「弊」には、「敝」の原義を強調した「ボロボロ」という意味がある。つまり仕事でよく使う「弊社」とは、自分の会社を下げて言い、謙遜した言葉なのである。

篆書

↓

楷書

斃

辛

音 シン
訓 からい、つらい

意 舌を刺すように刺激するような、ぴりぴりとした味。薬味のからし。身や心を刺すように厳しい境遇など。

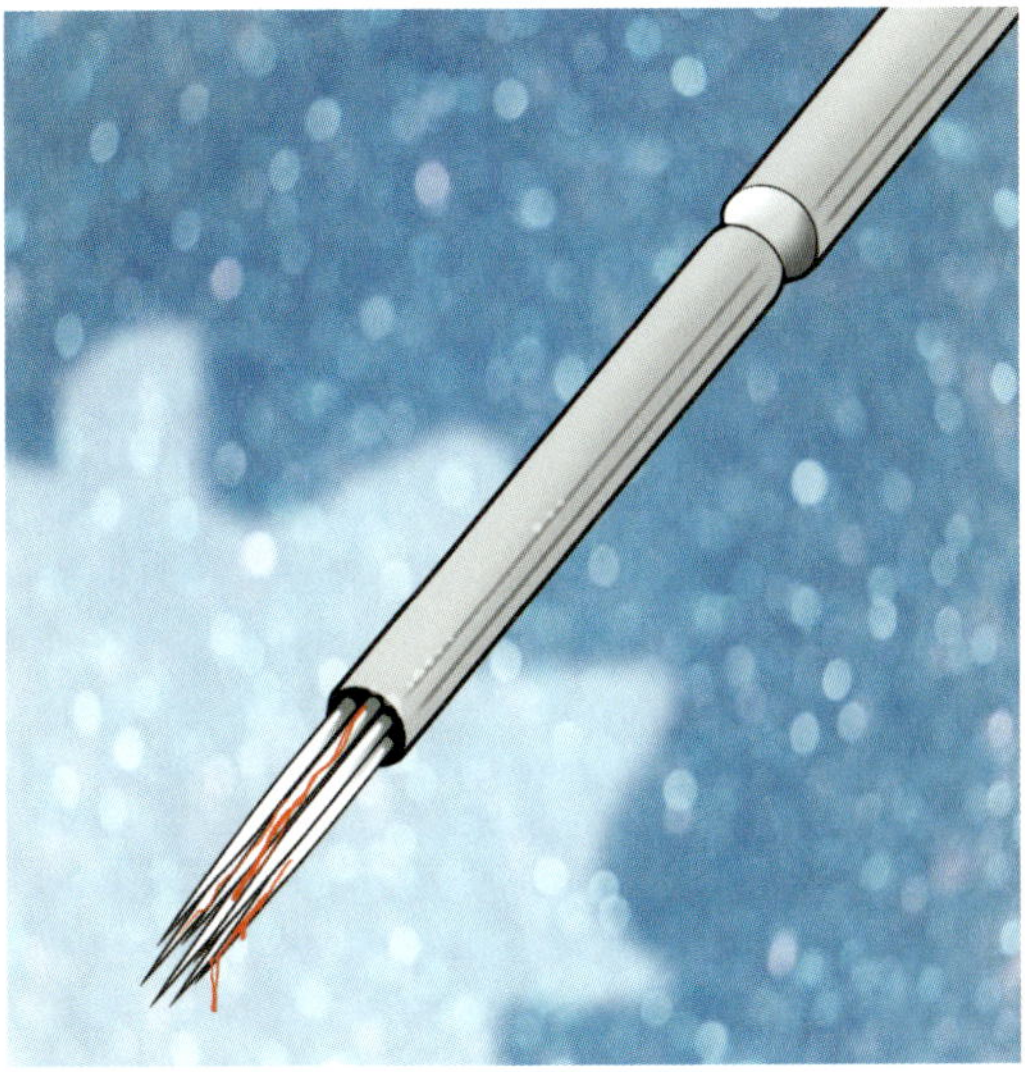

刺青の針が肌を刺す痛み

「辛」と「幸」は、その字形が似ていることから、「辛いことの一歩先には幸せが待っている」などと言われることもある。しかし、この両方の字にそもそも関連はなく、成り立ちもそれぞれ別々である。「辛」の字は、刺青を入れるための鋭い針を書いた象形文字から成り立っている。そして刺青を彫る時の激痛に例えて、「つらい」という意味があてられた。一方で、この漢字には「からい」という意味もあるが、これも針を刺された時の痺れを味覚に転用したといわれている。

ちなみに「辛」を部首に持つ漢字に「辣《らつ》」という字がある。これは「辛」と「刺」という〝痛い漢字〟のコンビネーションで、一層強力な「つらさ」を表している。

甲骨 → 金文 → 篆書 → 楷書

毒

音 ドク
訓 —
意 命や健康に害を与える薬など。ためにならないものや有害なもの。人の心を傷つけるものなど。

男を死に至らしめる媚薬

「毒」の下の部首は「母」に形が似ているが、実際は「毋」という部首で、枠の中が点ではなく棒になっている。この部首は「女」の字に横を一本線で貫いたもので、女性を傷つけてはならないという意味が込められている。対して、上の部首は「生」から派生し、芽生えたばかりの草を表している。これらを組み合わせて、「毒」は男性の精力を高める媚薬を意味していた。それは使い過ぎれば死に至るという危険な薬だったため、いつしか毒全般を指す言葉になったという。

一方で「毒」の成り立ちには、派手に着飾った女を由来とする説もある。この説では、上の部首が三本の簪を挿した頭を表していて、そのあまりに毒々しい姿から「毒」の意味になったという。

篆書

楷書

免

音 メン
訓 まぬがれる
意 **恐ろしいことなどからどうにか逃れる。どうにか見逃してあげる。着ているものなどを脱ぐことなど。**

命がけだった古代の出産

医学が未発達だった古代では、出産は母体にとっても胎児にとっても死と隣り合わせの作業だった。出産を控えた女性は、年配の産婆などに付き添われ、周囲と隔離された小屋などで分娩の時を迎えたという。

「免」は出産にまつわる漢字で、古代文字は出産時の女性を正面から見た姿を書いたもの。上部は頭、下部は股を開いたさまを表していて、股から赤子が生まれ出るさまが書かれているのである。

現代では「まぬがれる」という意味で用いられる文字となっているが、それは産道から赤ん坊が抜け出るさまを、義務や罪からまぬがれることに例えたため。やがてこちらの意味の方が一般的となり、原義は分娩の「娩」という漢字に移されたのである。

金文

篆書

楷書

勉

音 ベン

訓 つとめる

意 難しいことでも力を出して励む。無理なことをする。努力することを人に勧める。人をはげますことなど。

つらいことでも死ぬ気でがんばる

「勉」という字は「免」と「力」から成り立っている。「免」は女性の分娩のこと。「力」は筋肉が筋張るほど力の入った腕を表し、「がんばる」という意が込められている。この組み合わせから、もともと「勉」とは「お産のように力を込めてがんばること」を表しているのだ。力仕事はやはり男の役目なので、「お産のように」というのは、死ぬ気でがんばれという男への戒めだったのかもしれない。

　さて、「勉」といえば、真っ先に思い浮かぶのが「勉強」である。これは「勉めることを強いること」の略。つまりは「苦しいことでもがんばる」ということで、学びを表す言葉に用いられるようになった。商売の値切りを指す「勉強」も、同じ語源が由来である。

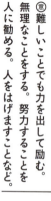

災

音 サイ
訓 わざわい

意 火災、地震、水害、干害といった、人々の順調な生活に対して自然界の現象がもたらすわざわいのこと。

平和な暮らしを奪い去る天の災い

災難、災害といった言葉に用いられる「災」の字は、「巛」と「火」という二つの部首から成り立っている。「巛」はもともと川の流れを書いた象形文字だが、「災」の篆書体では横棒が左右を貫いている。これは川がせき止められるさまを表していて、すなわち、この部首だけで安定した生活を阻む災いを意味している。

その下に「火」が置かれているのは、そもそも「災」が雷や山火事のような火の災いを示す漢字だったから。後に意味が広がり、地震や水害などを含む天災全般に用いられるようになった。

「わざわい」の音を持つ漢字には「禍」もあるが、安定した生活を阻む「災い」に対し、こちらは落とし穴のように思いがけず陥った不幸のことをいった。

甲骨 → 篆書 → 楷書

column

実は怖くなかったアノ漢字 ②

こちらでも、成り立ちは実は怖くない漢字をいくつか紹介。
恐ろしいと思っていた漢字の意外な成り立ちを知ると、
漢字の世界の奥深さが一層感じられるはず。

鬱

音 ウツ
訓 しげる、ふさぐ

鬱病など気分がふさぐ状態に使われる漢字。その成り立ちは人の心とは関係なく、一定の場所に木々が密集して、湿った空気が籠っているさまを表している。

殺

音 サツ
訓 ころす

右側の「殳」は人の手を、左側はもち粟を収穫することを表していて、穀物の収穫が字源。実を刀で削ぐことが、後に命を奪うという意味に転じた。

滅

音 メツ
訓 ほろぼす

「ほろぼす」という意味で、破滅、消滅、滅亡など、恐ろしい用語も多い。本来は、火に水をかけて消すというのが由来。消して見えなくするということから、現在の意味になった。

羨

音 セン
訓 うらやむ

行き過ぎると嫉妬に繋がる「羨ましい」という感情。「羨」の漢字は、上部は「羊」、下部は「よだれ」を表し、羊がおいしそうなものを見つけて、よだれを垂らしている様子が由来。

賄

音 ワイ
訓 まかなう

賄賂、贈賄という用語があるため、悪い印象をもった漢字だが、本来は自分がとりこんで所有する財産のこと。それが転じて「相手にとりこませる」という意味にも使われるように。

銃

音 ジュウ
訓 つつ

もともとは金属に開けた穴や鉄の筒が由来。それが後に、部首の「充」から鉄砲に弾を「つめこむ」という意味が連想されることから、鉄砲を意味する漢字になった。

「人間」にまつわる怖い漢字

主

音 シュ、ス

訓 おも、ぬし、あるじ

意 **集団のリーダー、また、一家の長。ある物の持ち主。重要な、中心的な物や人。物語の主役のこと。**

燭台の上でゆらゆらと燃えている火

「主」は象形文字で、上の点が表しているのは燭台の上で燃えている火。その火はゆらゆらと燃えつつも、その場を動かないことからひとつの場所にとどまるという意味がある。

主には森や川に住む精霊、女性が男性を呼ぶ際の敬称の意味があるが、やはりその組織の長として用いられることの多い字だ。日本、いや、世界各国と同じように中国の歴史もまた戦乱の歴史そのものであった。弱肉強食の時代において、国を統べる主は敵や配下の裏切りに、常におびえていた。

夜、人払いをした部屋で眺めるのは燭台の火。ゆらゆらと頼りなげで、決して燃え盛ることもない灯火に、その時代の主たちは己を待つ運命を見ていたのかもしれない。

篆書

↓

楷書

主

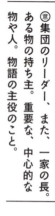

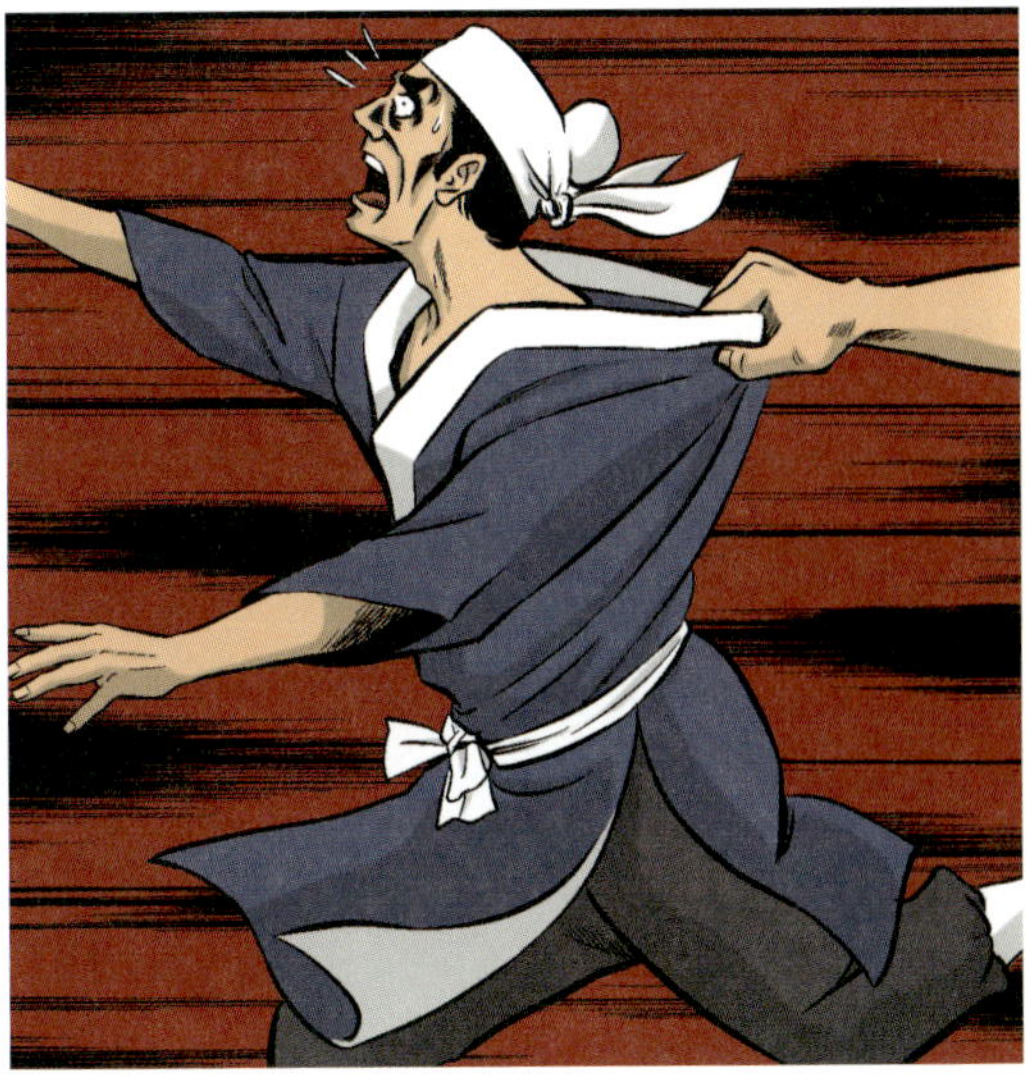

急

音 キュウ
訓 いそぐ

意 心に余裕がなくせっかちなさま。物ごとが差し迫って慌ただしいさま。物ごとが急速に進むさまなど。

追い詰められて焦る気持ち

「急」という字を見ていると、一見どことなく腕を振り切って走る人の姿に見えなくもない。太宰治の『走れメロス』のように、急ぐ姿と走る姿は意味的に親和性があるのでこれが語源かとも思うが、本当の成り立ちはそうではない。

急の上部は「及」の変化系で、追いかけられて捕まることを表している。これに人間の心臓を表す「心」を合わせて、追い詰められて焦る人の気持ちを表現しているのである。

現代においても、受験までの残り日数が限られていたり、仕事の納期に追われていたりと、人間は時間に追われている状態でこそ、本気で急ごうという気持ちになるもの。この漢字はそうした人間の根本的な本質を教えてくれるともいえる。

篆書
楷書

氏

音 シ
訓 うじ

意 同一血族の集団。または、その出身であることを表す。人の氏名の下に添える敬称。

目を刃物でつぶされた被支配氏族

「氏」は「民」と通じる象形文字。「民」の上部は両まぶたが閉じている形で、「し」は刃物を表している。すなわち、刃物で突かれた目をかたどっているのである。

これは中国に限らないことだが、血の繋がりはなによりも強固な絆である。特に裏切りや謀反が日常茶飯事であった戦時には、心強い味方であった。

しかし、血統で繋がった者たちが敗北を喫した際には、その影響力を排除するべく徹底的に弾圧された。支配される側となった一族は二度と武力蜂起できないよう、目をつぶされ、奴隷として扱われたのである。最悪の場合には一族郎党を根絶やしにされ、その血統すらこの世から完全に消滅させられたのであった。

甲骨

金文

篆書

楷書

臣

音 シン、ジン

訓 おみ

意 **家来のこと。君主に仕える人。召使い。家来が君主に対して謙遜して使う自称。一般の人民。**

目を見開く聡明な部下か平伏する部下か

「臣」の成り立ちとして、一般的には次の二つの説が広まっている。

ひとつは「しっかりと見開かれた目」を表す象形文字という説。このことから聡明な家来の意味を表している。

もうひとつは、うつむき、平伏している奴隷をかたどった象形文字という説。このへりくだった様子から、謙遜を示す自称になったとされている。

相反する説のように思えるが、本当にそうだろうか。頼りになる部下になるか、それとも奴隷のような存在となるかは君主の器にかかっているのではなかろうか。ひとつ言えるのは賢い臣下を信頼しすぎるのも、奴隷のように虐げるのも、謀反を招きかねないということである。

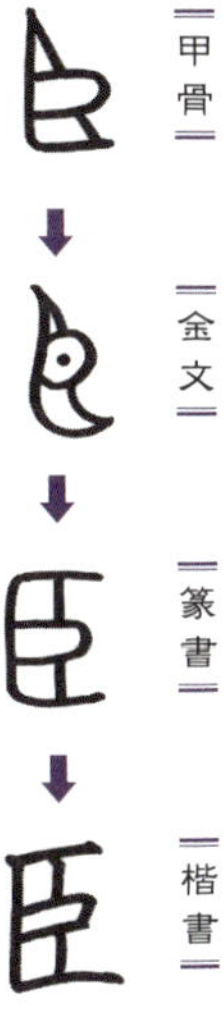

色

音 シキ、ショク、ソク

訓 いろ

意 光の波長の違いによって、視覚中枢が受ける感覚。また、人と人の情愛に関する心情や出来事を指す。

ひざまずいた女性に覆いかぶさる男性

「色」がその一字で表すのは、男女の恋愛。特に裸と裸で絡みつき、汗を流して溶けあうような艶っぽい姿であろう。

色は象形文字。かがんでいる女性と、その上から覆いかぶさり、体を擦りつけている男性の性愛を表している。女性がひざまずき、それに男がかぶさって性行為をしているということは、体勢としては後背位と考えるのが妥当だろう。動物が交尾をおこなうときの体の使い方である。

「色」には、娼婦という意味もある。美しい容姿と踊りで客を誘惑し、自らの体を差し出して快楽へと誘う。色に溺れた者の末路は総じて悲惨である。その意味でいえば、「色」もまた怖い漢字といえるのではないだろうか。

篆書

楷書

膿

音 ドウ、ノウ
訓 うみ

意 **傷口に細菌が入って、ただれること。または、ただれた皮膚から出る粘り気を持った水分のこと。**

頭から絞り出される膿みの固まり

切り傷や擦り傷など、外傷に細菌が入ると化膿を起こし、傷口からネバネバとした膿みが出てくる。

「膿」の字体は篆書と楷書で大きく異なり、篆書の方は、頭のできものを両手で絞って膿みを出す姿とその膿みを受け止める皿という、ちょっとグロテスクな様子。一方で、現在の字体にほぼ等しい楷書は、「農」の音をあてた会意兼形声文字で、肉の意を表す「月」と、農業を表す「農」の組み合わせで、畑を耕すような長い時間をかけて体内で生み出されるものを意味しているという。

消毒液などない時代では、些細な怪我でも簡単に化膿してしまったのだろう。しかし、頭から膿みを絞り出すというのは、想像するだけでも気持ちの悪い光景だ。

篆書

↓

膿

楷書

及

音 キュウ
訓 およぶ
意 **あるところまで追いつくこと。ある地点まで届くこと。行き渡らせること。物を並べることなど。**

逃げ切れなかった逃走者

追われる立場にいると、常に心のどこかに恐怖を抱え続けることになる。「及」という字は、そんな追われる者の必死さを表しているかのようだ。

「及」の字は逃げる者と追う者の手から成り立っている。甲骨文字では左側に外向きに走る逃げる者の姿が、右側に追う者の手がある。金文ではその両方がわずかに絡み合っているので、追う者の手が逃げる者をつかまえた瞬間だと解釈できる。「及第」という言葉があるように、「及」という字は、追っている目標にちょうど手が届いた様子を表しているのである。

「及」から派生した字にも同じように「届く」という意味が含まれていて、「吸」は物が口に届くこと、「汲」は水に手が届くことから由来している。

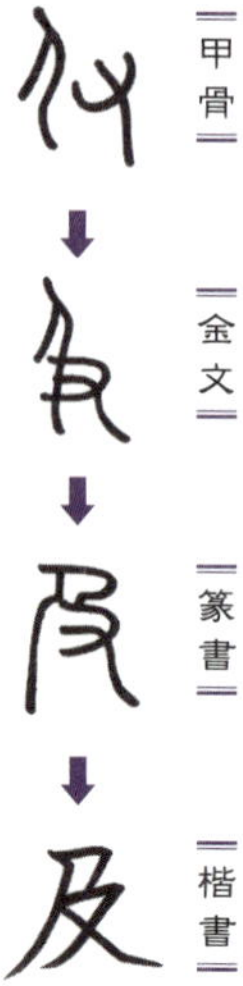

報

音　ホウ

訓　むくい

意　通知、知らせ、報告。また、ある行為に応じて受けるお返し。ある物事に対する罰、もしくは恩や礼。

手かせをつけてひざまづく罪人や兵

「報」は三つの要素から成り立っている会意文字である。それは「手かせ」「ひざまずいている人」「手」の三つのこと。つまり、人を手でぐっと捕まえてひざまずかせ、手かせをはめているさまを表しているのだ。

　これは罪人だけでなく、戦で捕虜にした敵兵も同様だったであろう。戦で多くの敵を倒したある猛者が捕らえられた。将軍の元に引っ立てられてきた猛者は手かせをさせられた状態で両側から抑え込まれ、無理やりに頭を下げさせられている。

　戦において味方の命を多く奪った敵兵は、それだけ激しい憎悪の対象となる。猛者はその報いとして筆舌に尽くしがたい苦痛を浴びせられて死んでいったのである。

金文　→　篆書　→　楷書

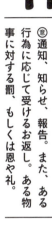

恋

音 レン
訓 こい
意 **他人に対して愛情を寄せること。切ないまでに想いを寄せること。恋愛。また、その行為、心情。**

心が乱れて糸のように絡まること

「恋」のベースになったのは、「䜌」という字である。「糸」と「言」から成り、糸がもつれたような事情を整理しようとするが、うまくいかない様を示している。

これに「心」がつくということは、すなわち心がおおいに乱れて、悩みに悩んでいる、精神がこんがらがっている状態を表している。

恋は人生を豊かにする素敵なものである一方、時には相手に想いを寄せるあまり、痴情のもつれを招くこともある。それは何も、男と女の間だけの話ではない。江戸時代には仇討ちが認められていたが、意外なことに最も多かったのは男性同士の愛憎から起こる衆道敵討ちであった。今も昔も、恋は人の心を惑わせる。

篆書

↓

楷書

戀

妨

音 ボウ

訓 さまたげる

意 ある物事を進めるのに対して、じゃまをすること。妨害。疎外。ある事柄に対して禁止すること。

女性を守るべく、立ちはだかる男性

「妨」の「方」は、左右に突き出すことを表す。突き出すのは両手だったり、農具のすきだったりと諸説あるが、いずれにせよ来るものを拒もうとしている様子を示している。

「女」はそのまま女性。つまり、男性が女性の前に立ちはだかり、近づけないようにしている様子であると解釈するのが妥当だ。

その昔、戦禍に巻き込まれた村があった。ある家に押し入ってきたのは、剣を携えた兵士。屋敷の奥で震える美しい妻を守ろうと、その夫が農具を手にして兵士の前に立ちはだかった。

兵士は不敵に口角を吊り上げると、夫の胸を剣で貫く……そんないたましい光景がいやでも浮かびそうな一字である。

篆書

↓

楷書

妨

爽

音 ソウ
訓 さわやか

気分が晴れやかで、さっぱりと気持ちがいい様子。さわやか。夜が明けて明るくなった空のことでもある。

女性の乳房に入れた刺青から生まれた字

「爽」は「大」と四つの「×印」から成る会意文字である。大は大の字になった人間、つまり死体のこと。×はその体に彫る刺青を表している。

その昔、人が死ぬとその体から魂が抜け、本当の死が訪れると考えられていた。いつか復活するためには、体を清らかな状態に保っていなければならない。邪悪な存在が体に入り込まないよう、女性の場合は乳房と腹部に×印の刺青を朱色で彫り入れたのである。

乳房に刺青を入れたのは、女性の乳房は赤子を育てる生命の源であったからであろう。だからこそ、そこから邪悪な物が入っては魂が汚されてしまう。そういう考えがあったから乳房に刺青を入れたと思われる。

甲骨 → 金文 → 篆書 → 楷書

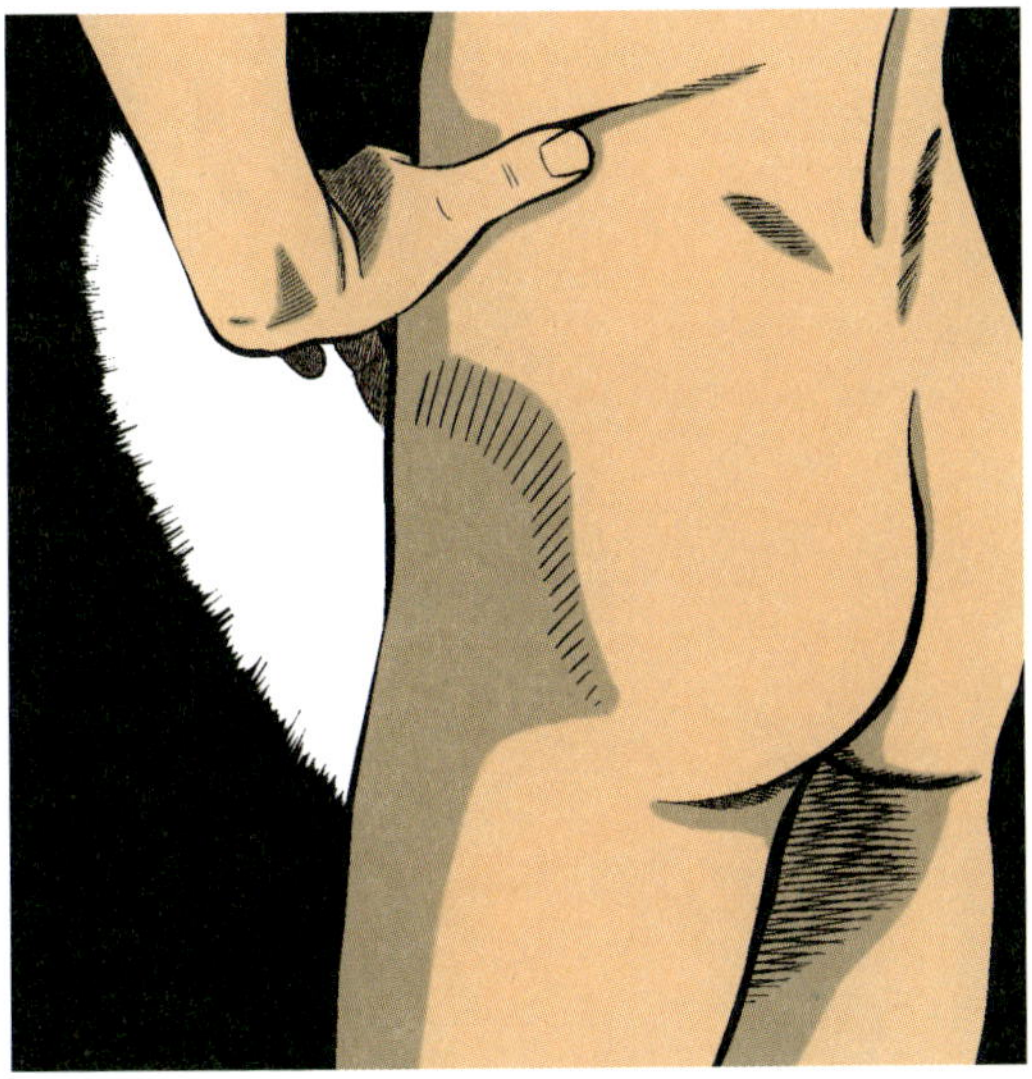

士

音 シ、ジ
訓 さむらい

心身ともに立派に育った男子のこと。また、親元から独立した青年男性の意味。この一字で侍を表す。

横倒しにした斧か、はたまた男性器か？

「士」の成り立ちには諸説あるが、なかでも有力なのが次の二つだ。

ひとつは、斧を表す象形文字とする説だ。斧を横倒しにして、その刃を下に向けているのを表しているというのである。

もうひとつの説が、男性の性器であるという説である。天を突くようにいきり立つ雄々しいさまから生まれた象形文字だというのである。

「益荒《ますら》男《お》」という単語があるが、これは武人、立派な男を表すとともに、隠語として男性器を指す場合もある。

強い戦闘力を持つ戦士は、男性として優れた生殖機能があり、男には恐ろしく、女性には魅力的に映ったのであろう。

甲骨 → 金文 → 篆書 → 楷書

冗

音 ジョウ
訓 むだ
意 よけいだったり、不必要だったりする部分。そこからいらない部分が多くて締まりがないさまを表す。

仕事もしないで家でだらだらする者

「冗」は屋根と人から成る会意文字である。屋内にいる人間ということで、つまりはやることがなくて毎日をだらだらと過ごしている者を指している。無職か、今でいう〝ニート〟のようなものである。

「冗」には、不必要、あまる、わずらわしいといった意味がある。働きもせずに家でごろごろしている者なんて不要な存在だし、いるだけで邪魔に感じられていたことだろう。

日本には働けない老人を山に捨てる姥《うば》捨《す》てがおこなわれていたが、漢字の生まれた中国でも同様の風習はあった。

家の中でだらけていて家族に怒られるなら、まだ幸せ。中にはまさしく不要であるとして「処理」される者もいたかもしれない。

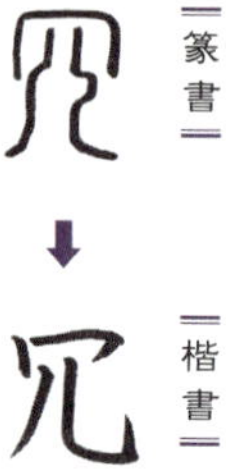

甚

音 ジン

訓 はなはだ、はなはだしい、いたし

意 ある物事、状態の程度が強いさま。普通の度合いを超えている。非常に、とても。「甚大」など。

美食と色事に耽溺するさまを描いた漢字

「甚」の下部の「匹」は、カップルでくっついていることで、すなわち男女の性交を表している。上部は「甘」で、美食と色事にふけるさまを示す。

中華料理は世界三大料理に数えられ、歴代の権力者たちにとって食べることは大きな楽しみであった。では、色事はどうかといえば、深くはまり込むと凄惨な結末を迎えることがある。

漢王朝の初代皇帝である劉邦《りゅうほう》の妻・呂雉《りょち》は、実子である二代目皇帝の寵愛を受けた側室・戚《せき》夫人を目の仇にした。しまいには両目、両耳、喉を潰し、四肢を切断したうえで便所に放り込んだのである。皇帝と色っぽい関係になった女性に待っていたのは、「人豚」と名付けてさらし者にされる残虐な仕打ちであった。

篆書

↓

楷書

甚

奴

㊂ ド

㊋ やつ、やっこ

㊫ 金で売り買いされている使用人。召使い。奴隷。また、他人を下に見て卑しいものとして呼ぶ言葉。

手を使って重労働をする女の奴隷

「女」はそのまま女性の意味を表していて、「又」は手を表す会意文字。「奴」は主に手を使って労働する女性の奴隷を指す漢字である。同じく「女」と「又」を用いる「努」の字も、「奴」と似たような意味を持っている。

今では奴隷制度が世界的に撤廃されているが、古代は世界中で当たり前のことであった。牛馬と同じく家畜のような扱いを受ける奴隷たちは、それは過酷な日々を送っていたことは想像に難くない。

「奴」には粘り強いという意味もあるが、これはあくまで奴隷を保持する側からの目線だ。奴隷たちは働かねば飯にもありつけず、ただのたれ死ぬだけ。そんな悲しい現実がこの一字には込められているのである。

賢

音 ケン

訓 かしこい、さかしい

意 **才知に富んだ人。頭の回転が人よりも早い人。知識が豊富な人。また、この一字で相手への敬意を表す。**

頭を使い財貨を得るが悲惨な結末に

「賢」の字を構成するのは、「臣」と「又」と「貝」。「臣」は部下で、「又」は手を示し、「貝」は財貨を表している。

「臣」の一字で「目を伏せた奴隷」を意味している。これに「貝」を足すと、権力者の前では頭を下げつつも、しっかりと富だけは手に入れる者という人物像が浮き彫りになる。つまりは古代中国の人はこういう者こそ賢い人であると考えていたということだ。

だが、その一方で「賢」は「臣（目）」を手でつぶされた奴隷を表すという説もある。賢く立ち回って富を手に入れようとしたが、その計画が露見して罰せられる。そんな顛末もこの字には含まれていると考えるべきだろう。

篆書

↓

楷書

賢

属

㊨ ゾク、ショク
㊫ さかん
㊜ くっつく、ひっつく。あるグループに付き従うこと。「〜属」のように、生物を分類する際の集合単位。

男と交わる女性のあられもない姿

「属」は「尾」と、読みの音を表す「蜀」とで成り立つ形声文字である。

尾は毛のある尻の形から生まれた字であり、意味は女性器のこと。蜀は「続」に通じ、続くという意味を持つ。これらを合わせて、女性器より続いて生まれるということで、血縁関係を表す字として用いられる。

属の一字には「つながり」の意も含まれていて、このことから男女の交わりを指し示している。特に尻を突き出した格好を表しているとされているのだが、これは愛し合う夫婦だけとは限らない。戦禍に巻き込まれた村々において「従属」「隷属」のように力で女性を支配する無法者たちの下卑た笑みが連想される。

篆書

楷書

党

音 トウ
訓 なかま
意 共通の利害や目的によって結ばれた集団。同じ思想や政治的主張を持つ人々のグループ。武士の集団。

人や物が集まる場所にはびこる悪の集団

「黒」と「尚」の組み合わせから成る形声文字。「尚」には、人や物が一堂に会するという意味があり、そこから集団という意味合いで用いられるようになった字である。

「党」は「都」「諸」と通じている。経済や商業の中心部に、文化や言語、宗教も異なるさまざまな人が集まった町は、それはにぎやかなことであっただろう。だが、多くの人が集まれば、甘い汁を求める悪人の数も増えていくのが世の常というものだ。禁忌の品を闇取引し合うなど、悪人たちは郎党となって発展を遂げていく。

目立たない服を着て、建物の陰でこそこそと取引をする悪党たち。「党」に「黒」が含まれるのは、それを表しているのではなかろうか。

篆書

楷書

民

音 ミン
訓 たみ
意 権力を持っておらず、君主に統治される一般の人々。「民放」など「民間」の略としても用いられる。

逃げられないよう目をつぶされた奴隷

「民」は象形文字で、目を針で刺す様子をかたどっている。なぜ、そのような残酷な行為がおこなわれたのか？　民はそもそも奴隷という意味であり、権力者が必要としていたのは労働力のみ。特徴や個性などは不要であり、また、反乱や逃走を防ぐために目を針でつぶしたのである。

奴隷は四の五の言わず、また何も考えず、命じられたとおりの作業をただこなせばいい。そんな権力者の横暴が内包された字なのだ。

人民を指す言葉に「民草《たみぐさ》」がある。これは民は雑草のようにどんどん生えてくることから生まれた侮蔑の言葉である。つまり、時の権力者たちにとって民は使い捨ての労働力でしかなかったということなのである。

金文
篆書
楷書

咎

音 キュウ
訓 とが、とがめる
意 **他人から非難されるのも当然の欠点や失敗、よくない行為。「咎める」は過ちの指摘、問いただすの意味。**

人生でのつまづきは神から下された天罰

「咎」は「各」と「人」を組み合わせてできあがった会意文字である。「各」は「格」の原字で、歩く人が硬い石に足をつかえさせている姿を表している。そのことから、急に転んだように順調な歩みがうまくいかなくなるという意味が込められているのである。

人は生きていれば、必ず失敗するもの。その失敗を糧に次につなげればよい……というポジティブな意味ではない。「格」にはいたるという意味があり、ここでは神から人にいたる、すなわち神から与えられる天罰という意味がある。

神は絶対的な存在。その神から下される罰は、抗えるはずもない断罪であり、昔の人はおおいに恐れおののいたはずである。

金文 → 篆書 → 楷書

眠

音 ミン

訓 ねむい、ねむる

意 **心身ともに活動が低下し、多くは目を閉じて無意識の状態になること。活動が一時的に止まっている状態。**

永遠の眠りのような光を失った世界

読みの音となる「民」は、上部の横に広い長方形が人の目を、下部が針を表している。すなわち、針などの鋭い物で目を突き刺して視力を奪うということだ。

「眠」は光を失うのは睡眠中と同様だということから生まれた字である。

針で刺されて視力を失った者は神に仕える者であり、そもそもこの人々を「民」と呼んでいたという。だが、それとは異なる説もある。目を針で潰されたのは奴隷だという説だ。過酷な労働のためだけに生かされる奴隷たちは、権力者の所有物である。万が一にも逃げ出してしまわないよう視力を奪ったというのだ。そんなおぞましい考え方が、この字には隠されているのである。

篆書

↓

眠

楷書

蛮

音 バン
訓 えびす
意 品がなく粗野な様子。文化の発達していない地方に住む民族。中国南方に住む異民族、未開の民族。

程度の低い生活を送る民族

「蛮」は上部の「䜌」と下部の「虫」から成る会意文字兼形声文字。「言」は刀のことで、それを挟むのは糸を表し、これは絡まりもつれてしまった生活状況を表している。

そして、ここでいう「虫」は、蝶やカブトムシのような昆虫ではなく、マムシのこと。中国の中心部から離れた場所に住む民族はマムシのように危険かつ狡猾で、文明が発達していないことから、もつれたような程度の低い生活を送っていると蔑《さげす》まれていたのである。

彼、彼女たちは蛮族と呼ばれていた。南方に住む「南蛮《なんばん》」が有名だが、「東夷《とうい》」「北狄《ほくてき》」「西戎《せいじゅう》」なども蛮族と呼ばれ、蔑視される一方で恐怖の対象にもなった。

篆書
蠻
↓
楷書
蛮

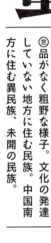

蔑

音 ベツ
訓 さげすむ、ないがしろ

意 **他人を自分よりも価値が低い者と見なしてけなすこと。また、そのような感情を元にして無視すること。**

敗戦の責任で惨殺される悲しき巫女たち

古代中国において戦の先頭に立っていたのは、歴戦の将軍でも、命知らずの猛者でもなかった。なんと、女性たちだったのである。眉飾りをつけた何千人という女性は皆、巫女であり、軍の先頭に立って、敵軍に呪いをかけていたのである。

その戦に勝てば巫女たちはもてはやされるが、敗北を喫したときには悲惨な運命が待っていた。呪力を奪うという名目によって、皆殺しにされてしまうのだ。

「蔑」の上部は眉飾りをつけた巫女の目を表し、下部は「人」を「矛」で斬ることを意味している。戦場へ連れてこられ、負ければ惨殺される巫女たち。まさしく「ないがしろ」にされる悲しすぎる人生であった。

甲骨 / 金文 / 篆書 / 楷書

佚

音 イツ
訓 ―
意 **抜けてなくなること。世間から抜け出すこと。また、楽をすること、自由気ままに過ごすことを指す。**

全てに絶望して世の中を捨てた者

「佚」には「楽をする」以外に「楽しむ」「美しい」「捨てる」など、さまざまな意味がある。たった一字でこれほど表現のふり幅があるのはなぜか。それは、それぞれ別の意味でありながら、実際は非常に近しい関係にあるからと見るのが自然だろう。

「佚」は「イ（人）」と「失（抜け出す）」から成り、そこに見えるのは「世捨て人」のドラマだ。商売で成功した男は、周りにきつい仕事を与えて楽をして稼いでいた。うまい酒を飲み、女と淫らな関係にひたる毎日。だが、あるとき、空しさを感じてしまった。自分の命令にひざまずく男、金目当てに体を差し出す女。それが一体何になるというのか……。男は全てに背を向けて、世捨て人になった。「享楽」がもたらすのは、空しさなのかもしれない。

篆書

↓
佚
楷書

妖

音 ヨウ

訓 あやしい

意 なまめかしくあでやかなさま。女性がしなを作る仕草。また、怪しいもの、妖怪、化物も表す。

髪を振り乱す巫女の魅力

右側は音符である「ヨウ」。これは髪を振り乱している巫女を表す象形文字である。字源はその巫女の姿がとても怪しげでありつつも、なんともいえぬ色気にあふれていたことから。女性の一側面であるというところから、「女」をつけられて「妖」の字になった。

女性の妖艶な色香は時として権力者を惑わせ、時代を大きく動かすこともある。「西施《せいし》」「王昭君《おうしょうくん》」「貂蝉《ちょうせん》」「楊貴妃《ようきひ》」は中国の四大美女だが、彼女たちを独占しようと男たちは戦や裏切り、謀略を繰り広げた。女性の中にはただ美しいだけでなく、どうしようもなく男の心をかき乱す者もいる。理屈抜きで男を誘引するその魅力は、さながら魔力のような妖しさを感じさせる。

篆書

↓

妖

楷書

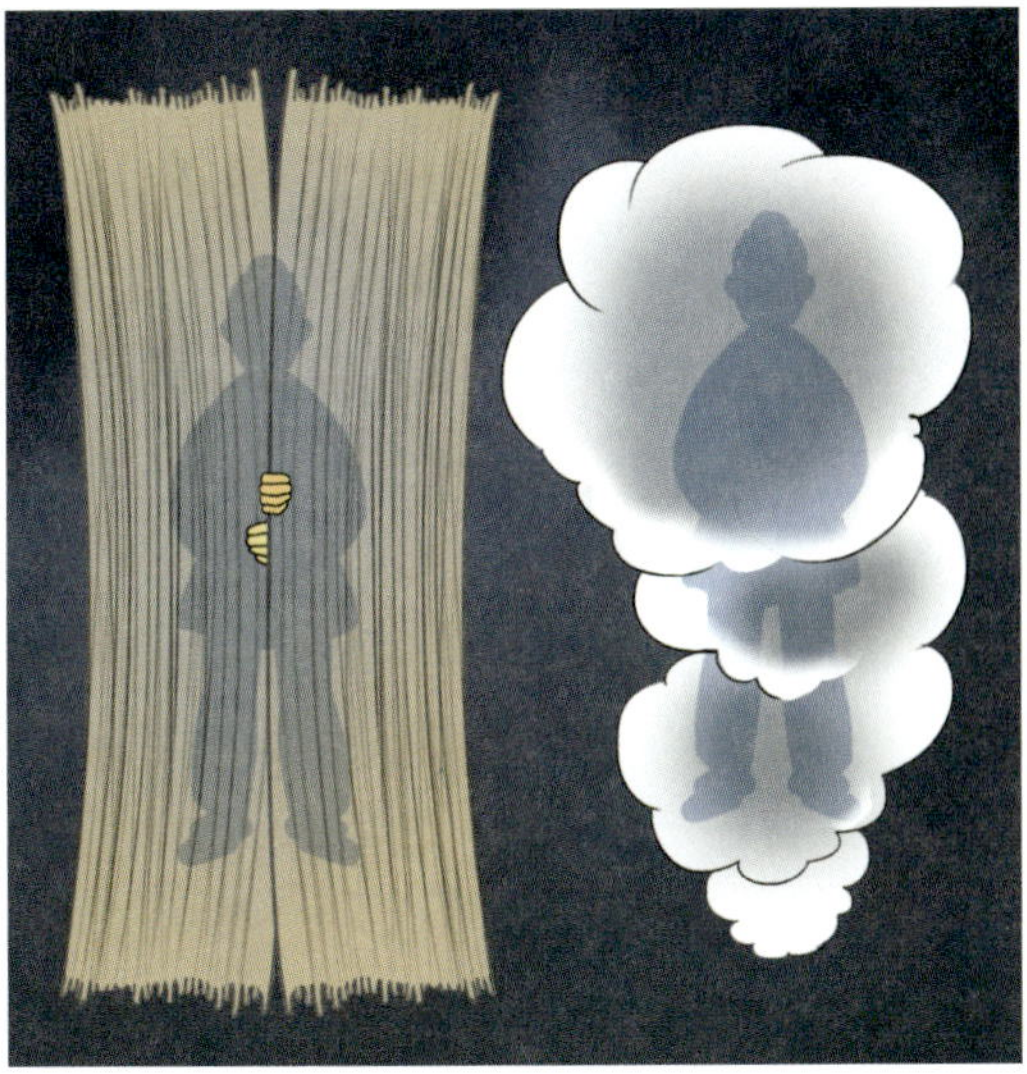

幻

音 ゲン
訓 まぼろし
意 **実在していないのに、あるように見えるもの。もうすぐ消えるもの。存在が疑わしいほどに珍しいもの。**

互いを騙し合おうとする悪人と悪人の姿

染めた糸を木の枝にかけた形から生まれたとされる象形文字。糸が風にゆらゆらと揺れるさまが、まるで人を惑わすようであるという意味が込められているようだ。

他方、互いに騙し合おうとする人間の様子からできあがった字であるという説もある。泥棒は人生最古の職業のひとつといわれているように、どの時代にも悪人は存在した。

悪人は自分だけが儲けてやろうと、口八丁手八丁で相手を騙そうとしていた。だが、人を騙して利益を得たところで、それが長続きするはずもない。いつか捕まって財産を没収されたとき、自分を蔑む人々を見て、悪人は悪事で得た財貨を幻のように感じていたのではかなろうか。

金文
篆書
楷書

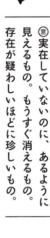

倭

音 ワ

訓 やまと

意 中国や朝鮮で日本を呼んだ称。また、日本のかつての自称。中国人がつけたものと伝えられている。

頭を垂れた小さい者という日本人の蔑称

「倭」の右側の上部の「禾」が表しているのは、穂を垂れている粟。この粟はひえや稲よりも伝来が遅かったとはいえ、古代日本でもよく食されていたとされる穀物である。

「委」は、それに「女」を添えて、女性の姿を示している。頭を垂れて風になびくさまが、なよなよとした女性を表しているのだ。

これに「イ」がつくと、背が低く背の曲がった小人を示す「倭」。古代の中国や朝鮮の人たちの目には、われわれ日本人がひどく小さい者として映っており、蔑視の意味を込めてこう呼ばれていたのである。ちなみに「華僑」などで使われる「僑」の字は、「倭」とは正反対の意味を持ち、古代、中国がその存在を誇示していたことがよくわかる。

篆書

楷書

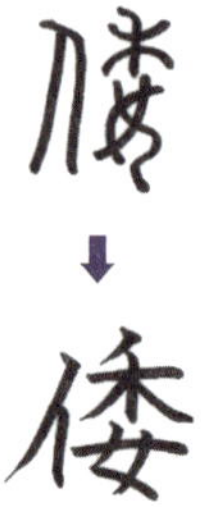

妄

音 モウ、ボウ

訓 みだる、みだり

意 つつしむところがない。節度がなく、むやみにすること。また、本当ではない。嘘であり、でたらめ。

女性の魅力に心を奪われている状態

上部の「亡」は、「～がない」の意味を含む。下部の「女」は、そのまま女性の意味。「妄」は亡と女から成り立つ漢字で、つまり女性に心をまどわされ、常軌を逸した行動を取るようになってしまっている状態を示しているのである。

女性の色香で我を忘れるのは、今も昔も同じ。三国志時代の中国に、貂蝉《ちょうせん》という美女がいた。貂蝉は時の権力者・董卓《とうたく》の愛人。ところが董卓の義息である猛将・呂布《りょふ》はどうしても貂蝉が欲しくなり、董卓を殺害してしまう。董卓の死によって群雄割拠の勢力図は大きく塗り替わり、そして戦乱の時代へと突入するのである。女性の色香は時に歴史をも変えてしまう。その恐ろしさが「妄」の字には込められている。

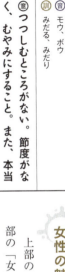

匁

音 ―
訓 もんめ
意 文目とも。尺貫法で物の重さに用いられる単位。一匁は一貫の1000分の1で、約3・75グラム。

「文」と「メ」が合体？　物乞いの姿？

通貨や重さの単位である「文目」は、忙しい商売人たちの間では「文メ」と簡略化して書かれるようになった。それでもまだ面倒くさいということで「文」と「メ」を合体した字が広まっていく。これが「匁」という字が生まれた経緯だ。ちなみに匁は日本で作られた国字である。

また、匁はある光景をもとにして生まれたという説がある。それは、物乞いをする男の姿だ。確かに、ぼろ布をまとった背中を丸めて「お恵みを……」と頭を下げている男を横から見た姿に見えなくもない。だが、そこに立ち止まる人は決して多くない。少額であっても金を稼ぐのは大変なことなのである。「匁」には、そんな意味が含まれているのではなかろうか。

楷書
匁

厄

音 ヤク
訓 わざわい

意 「厄に遭う」など、苦しみ、災難を表す。特に病苦による災いを指す。また、厄年の略としても用いられる。

断崖絶壁に追い込まれた逃亡者

「厄」の「厂」が表しているのは崖。その中は「人」あるいは「人がひざまづいたときに突き出る膝頭」を表している。

その男は非常にまずいことをしでかしてしまったのであろう。追手の無法者たちから逃げていた。命からがらたどり着いたのは断崖絶壁である。男は物陰に飛び込むと、膝を抱えて丸くなった。少しして、追手たちが断崖に姿を現す。男がそっと顔を出して様子をうかがうと、追手たちの手に握られた刃物がいやな光沢を放ち、男はぞっと顔面を蒼白にさせたことだろう。

「なんで俺がこんな目に……」。男はがたがたと震えながら、自らの身に降りそそぐ厄災に怯え、また恨んだに違いない。

篆書

↓

楷書

厄

column

人体から生まれた漢字

漢字には人の行動が字源になっているものが数多い。
怖い漢字の中にもそれらが登場しているが、
ここでは怖くない字の中からいくつかを紹介しよう。

右

訓 みぎ　音 ウ

「右」は、上げている右手を描いた象形文字が字源。「口」はそのまま口を表していて、右手で口をかばう様子が描かれている。「左」も左手を描いた字である。

父

訓 ちち　音 フ

「父」の字の由来は、斧と男の手をかたどった甲骨文字である。狩りや戦に使う斧は力強さの象徴だった。やがて父の意味が定着し、「斧」という漢字が別に作られた。

臣

訓 おみ　音 シン

「家来」という意のある「臣」の字の由来は、ひれ伏せて下に向いた目を描いた甲骨文字。この字に「人」という字が並べられて「臥」という字も生まれた。

争

訓 あらそい　音 ソウ

「争」の字は、ある物を上下の二つの手が引っ張りあう様子から生まれた。両者の力がぶつかり合ったことから「あらそう」という意味が成り立った。

寺

訓 てら　音 ジ

足の裏と手の平を上と下に重ねた形が「寺」の字の由来。これは昔は寺が役所の役割をしていたため、手足を働かせて庶務・雑務をこなすことを意味していた。

友

訓 とも　音 ユウ

「友」の字は、二本の腕が揃って並んでいる様子を描いた甲骨文字から生まれた。力を合わせる、かばい合うなどの意味で、友達を表す文字になった。

「生き物」にまつわる怖い漢字

虹

音 コウ
訓 にじ
意 雨上がりの空や大きな滝などで、日光が大気中の水蒸気にあたって発生する自然現象のこと。

空を駆ける七色の虹は竜か大蛇か

現代においては幸運の兆しともいわれる「虹」であるが、古代の人の目にはどのように映っていたのだろうか。漢字の成り立ちは、そのヒントを教えてくれる。

「虹」の「虫」は蛇を書いた甲骨文字。その左の「工」は、本来は穴を通すさまだがここでは「つらぬく」という意味で用いられていて、つまり「虹」は空を貫く大蛇を表していたといわれている。また、当時は蛇は進化すると龍になると考えられていて、「虹」が龍の姿をかたどった文字とする説もある。

中国神話に登場する創造主、伏羲《ふくぎ》と女咼《じょか》は人の顔に蛇の体をした神様だったため、蛇も龍も聖なる生き物として崇められてきた。きっと虹は、神様の化身のように考えられていたのだろう。

甲骨

↓

篆書

↓

楷書

虹

庶

音 ショ
訓 こいねがう
意 一般的な人。諸人。庶民。もろもろ、いろいろ、雑多という意味も。「こいねがう」は強く望むこと。

動物の頭部の脂を焼いて害虫を駆除

「庶」の「广」が表しているのは屋根。そして、その屋根の下にはある「炗」は「煮」の原字ともいわれており、器の中の物を煮たり焼いたりする形をかたどったものとされている。

現在でもダニやゴキブリといった害虫の存在は人間にとって大きな悩みの種であるが、衛生状態が劣悪だった昔は、それは多くの害虫が家の中にはびこっていた。

それを防ぐために当時の人が用いたのが、動物の頭である。これに含まれる脂肪分を燃やし、煙で屋内をいぶすことによって、害虫を追い出していたのだ。庶民たちの家の窓からは黒煙があふれ、集落はなんともいえない獣の臭いでむせかえるほどだったはずだ。

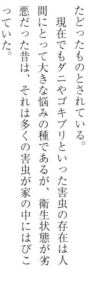

虫

音 チュウ
訓 むし

意 人類、獣類、鳥類、魚、貝以外の小動物。特に昆虫のことで、なかでも美しい声で鳴くものを指す。

とぐろを巻いているマムシ

現代では「虫」といえば主に昆虫のことを指すが、もともとはマムシのこと。マムシがとぐろを巻いている様子を描いた象形文字だ。

マムシはハブよりも強いとされる毒を持っていて、日本では今でも年間10人程度はマムシに噛まれて死亡している。自然が少なくなった現在であっても、その数なのだ。かつての中国大陸では、多くのマムシが草原や山林に身を潜めていたことだろう。

マムシは古くから漢方薬として重宝され、これを獲る専門家も多くいた。金を得るために山林に足を踏み入れる蛇獲りたちは、今にもこちらを襲わんばかりに舌を出し入れし、とぐろを巻くマムシの姿を幾度となく見てきたはずだ。

甲骨 → 金文 → 篆書 → 楷書

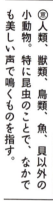

龍

音 リュウ
訓 たつ

意 **中国やヨーロッパなどの想像上の動物。蛇のような大きな体で全身がうろこに覆われていて、羽を持つ。**

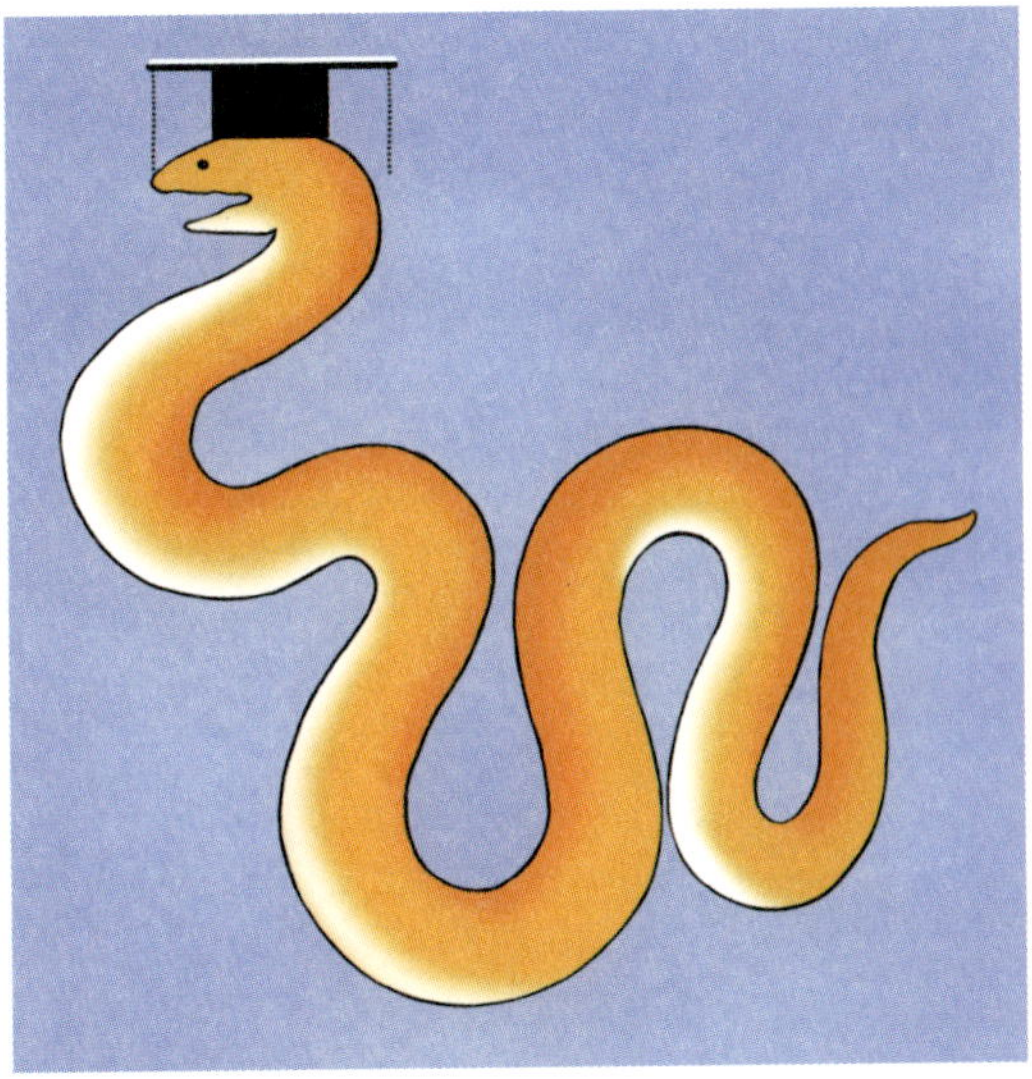

頭に「辛」の飾りを乗せた蛇神が龍

左上の「立」は「辛」の飾りで、これを頭部に冠した蛇の形をかたどった象形文字。辛の字の飾りは霊獣の象徴であり、これを冠した蛇神の獣が「龍」なのである。

中国において龍は紀元前5000年から3000年の間に、想像上、あるいは神話上の動物としてその存在が認められるようになったとされる。

天高く飛翔するその力強さから歴代皇帝のシンボルとなり、風水では地中を流れる気である「龍脈」という言葉があるなど、神性の高い生物として崇められてきた。

一方、龍は洪水を司る神とされ、たびたび龍に例えられる黄河など、川を氾濫させる存在として畏怖の対象でもあった。

金文
篆書
楷書

押

音 ソウ
訓 おす

意 物を動かすために、ある方向から力を加える。上から重みを加える。物事を先へ進めるという意味も。

占い師によって甲羅を切り取られる亀

「押」の「甲」は、ある物に殻をかぶせることを意味している。それに「扌」が加わることで、ある物に殻をかぶせて、それを手でおさえつけることを指している。

そういう説がある一方、もうひとつ怖い説が存在する。それは亀の甲羅を無理やりに剥がしているさまを表しているという説だ。

かつての中国では、亀の甲羅を焼いて出た模様を見る占いがおこなわれていた。亀から甲羅を引きはがす際、占い師は亀の脇腹に刃物を入れ、そこからゆっくりと横に引き裂いたのである。血を流しじたばたともがく亀。占い師は周囲の人間に命じ、亀を押さえつけさせた。その見るも無残な様子から「押」の字が生まれたのである。

篆書 → 楷書

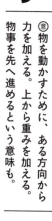

献

音 ケン、コン

訓 たてまつる

意 神前や目上の人に供え物を捧げる、客人に酒を勧める、前に進み出るなどの意。賢い人を指すことも。

供え物として捧げられた犬の肉

人の言うことをよく聞き、雑食性で何でも食べる犬は、最も早い時代から家畜にされてきた動物だ。番犬としてだけでなく、狩猟の供などとしても飼育されていた。一方で中国には犬を食べる文化が古くからあり、有名な歴史書『史記』の中にも犬を食べるエピソードが度々語られている。

犬の肉は豚や鳥の肉と比べても価値が高く、献上品としても重宝され、宗廟《そうびょう》（祖先への祭祀をおこなう場所）での祭事の際は肥えた犬肉が捧げられたという。「献」の成り立ちはこうした話に近く、へんの「南」は食事を盛る器をかたどった甲骨文字で、つまりは生贄《いけにえ》用に皿に盛った犬の肉を表している。現代でも犬を食べる国はあるが、日本人にはやや衝撃の強い漢字といえる。

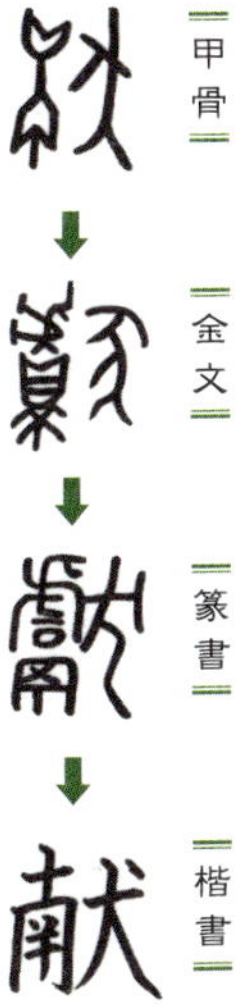

革

音 カク
訓 かわ

意 動物の皮。皮は毛がついたままのもので、革は毛を取って陰干ししたもの。武器や装備、楽器作りに使う。

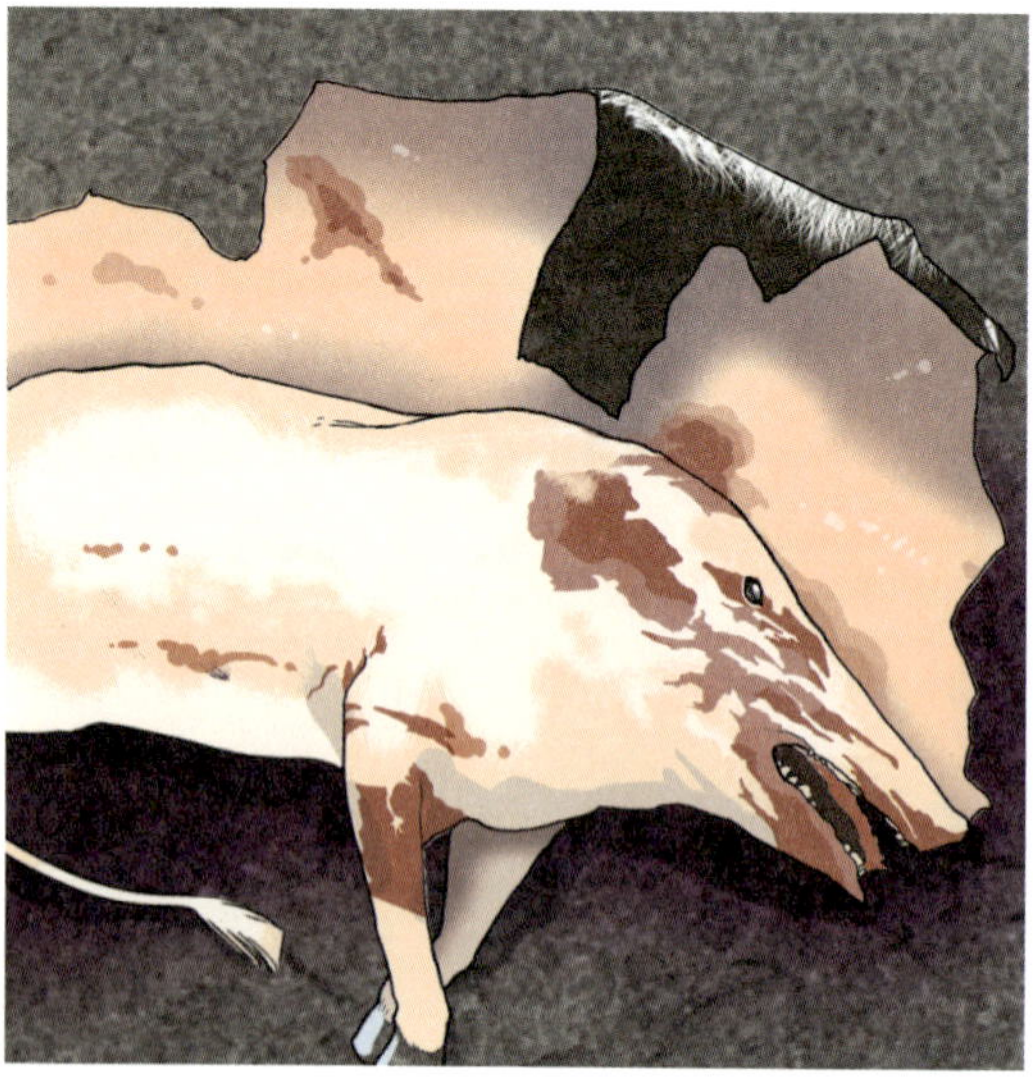

動物の皮を開いて真上から見下ろす

象形文字である「革」が表しているのは、動物の皮をはいで広げたさまだ。よくドラマや映画の富豪の家に、虎や熊の毛皮を広げた絨毯が出てくる。上部は頭、下部は両足としっぽ。「革」の字の形は、これを真上から見たものと、かなり似ていることがわかるだろう。

革はこの毛皮から全ての毛を除去し、石で叩くなどしてなめしたもの。こうすることで柔らかくなった革は、鎧に使えるほどの強度を獲得する。革はその丈夫さから剣の鞘や、弓の部品にも用いられた。

皮が日常の生活を支える物なら、革は生存競争に欠かせない物。皮を開いたその様を字にあてることに、生きていくんだという強い信念が感じられてならない。

金文

篆書

楷書

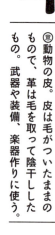

皮

音 ヒ
訓 かわ

意 体の表面を覆うもの。皮膚。皮は毛がついている状態で、革は動物の皮を陰干しした物のことをいう。

動物の皮と人間の手で成り立っている

紀元前エジプトの壁画にも描かれているように、古来より人は動物の皮を暮らしの中でおおいに役立ててきた。ときに衣服としてかぶっては寒さをしのぎ、ときに家の屋根や壁として用いては雨露をしのいだ。

「皮」は頭がついた状態の動物の皮と、「又（手）」の会意文字である。いうまでもなく皮は体の一部であり、果物の皮のように簡単に剥けるものではない。刃物で切れ込みを入れ、そこから手を入れてべりべりと剥がしていく。手は当然血まみれで、臭いも相当なものだ。それでも、命を持っていた生物を道具に変える作業を続けなくてはならない。人間が生きていくというのは、命を奪うということと同義なのだから。

金文

篆書

楷書

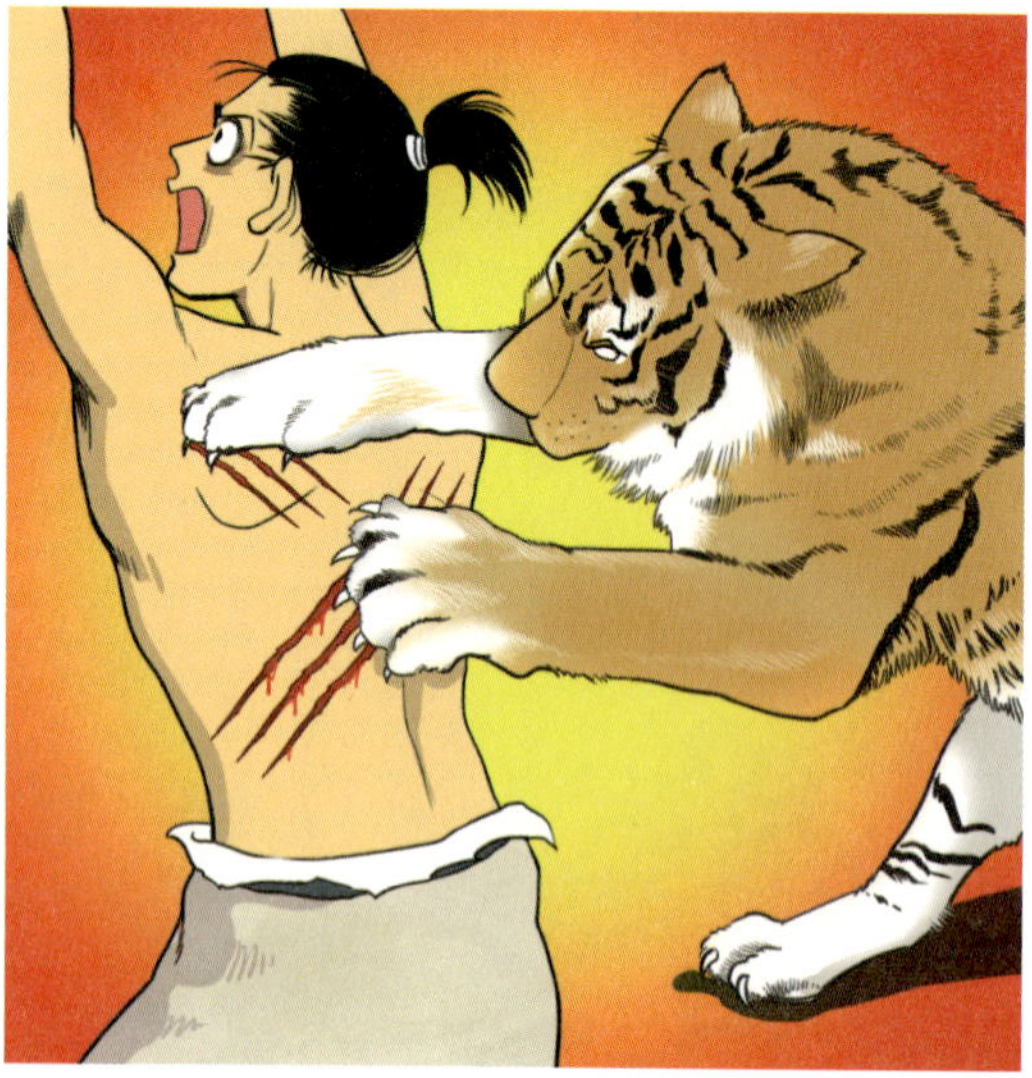

虐

音 ギャク
訓 しいたげる

意 **むごい扱いをすること、いじめて苦しみを与えること。「大虐」など、わざわいを表す言葉でもある。**

人の肉を引き裂く虎の爪がモデル

「虐」の上部は「虎」という字を簡略化した形体。下部は「爪」のことで、虎が人を爪で引っかく様を表している。そこから、「ひどい」「はげしい」という意味を持つようになった字である。

古くから、中国では虎は強い存在の代名詞であった。同国の壮大な歴史絵巻である『三国志』で劉備が治めた蜀《しょく》という国では、特に勇猛で戦に長けた五人の武将を「五虎将《ごこしょう》」と呼び、その強さを称えていた。

一方で、虎はしばしば人を襲っては食らうことより残虐な動物の象徴でもあった。虎に襲われた人の死体は血まみれで、肉が裂け、それはひどい有様だった。その残虐非道さも、この字には含まれているのである。

篆書

↓

楷書

虐

禺

音 グウ
訓 おながざる
意 オナガザル科オナガザル属の動物のこと。体よりも長い尾が特徴。手足も長い。種によって体色が異なる。

猿の頭部を開いて脳が露出したさまか

象形文字で、頭部の大きい猿のことを指す。そこからオナガザルの意味を持つようになったとされている。

だが、上部を猿の頭とする象形文字というならば、顔の形や、目、鼻、口を表しているというより、こう考えるべきだろう。上部は猿の頭部の外観を表しているのではなく、頭部の中、つまり脳みそを表しているのだと。

実は中国では古来より、猿の脳を食用としてきた。しかも猿の頭の上部だけを切り取って、脳みそを露出させた状態で食らうのである。薬としても珍重されてきた「猿脳」。それを考えれば「禺」の上部が猿の脳みそに、下部が舌の飛び出した口に見えるのではなかろうか。

劇

㊞ゲキ
㊞はげしい
㊞芝居、ドラマのこと。「劇的」「劇薬」のように、物の働きや程度が激しいことを指す言葉でもある。

人と虎、虎と猪の命を賭した死闘を表す

「刂」は「刀」のこと。「劇」はお面と毛皮をつけて虎になりきった者と、刀を持つ者が演者として、神の前で演武を繰り広げるさまを表している。

また、左側は虎と猪を表し、この二頭が鋭い牙や爪で相手の体に傷をつける死闘を表しているという説もある。

「劇」は「激（むごい）」と同系の言葉であることから、人対獣であっても獣対獣であっても、命を賭けたその戦いは人の目には過激なものと映ったことだろう。息を切らし、体のあちこちから血を流し、それでも命果てるようなときまで戦い続ける生物と生物。その姿は目を背けたくなるようなむごたらしいものでありつつも、どこか神々しい命の輝きをまとっていたはずだ。

篆書

↓

楷書

↓

楷書

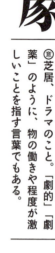

豪

音 オウ
訓 おす、おさえる

意 すぐれて力強いさま、そのような人を指す。勢いが盛ん。「豪」の一文字でオーストラリアの国を表す。

鋭い針毛を持つヤマアラシがモチーフ

「豪」の上部は「高」で、高くて目立つ建物、高くそびえるような門のある屋敷などの意味。下部は「豕」で、イノシシを指す。読み方の「コウ」は「藁《わら》」に通じて、ここでは硬い藁を指す。すなわち、高くて目立つ硬い藁のような針を持ったイノシシということで、ヤマアラシのことである。

背中に無数の針毛を持つヤマアラシは、さながら動く剣山である。加えて大変に気性の荒いことでも知られており、相手がライオンだろうがハイエナだろうが突撃していって、逆立った針のような毛を突き刺して攻撃する。

その決して大きくない体で肉食獣たちを血だるまにして追い払う姿に、昔の人は無類の強さを感じたのだろう。

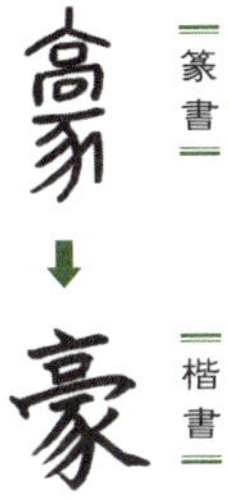

獄

音 ゴク
訓 —

意 罪人を閉じ込めておく場所。また、裁判、訴訟、その判決の意味もある。罪人が死後に行く世界でもある。

いがみ合う二匹の犬から生まれた漢字

「犬」+「犬」+「言」の会意文字で、二匹の犬が争っている様を文字にしたものである。「硬くとげとげしい」という意味があるが、これは犬の歯から来たものと考えるのが自然だろう。

縄張り争いなのか、はたまたメスをめぐるいさかいなのか。向かい合った二匹の犬は敵意を隠そうともせずお互いをにらみつけていた。尾は相手を威嚇するように伸び、目には殺気がみなぎる。なにより目を引くのは、むき出しになった鋭い歯、いや牙である。

利那、二匹の犬が同時に飛びかかった。しばしの戦いの後、一匹は地に這いつくばって動かなくなった。し烈な生存競争はまるで地獄を垣間見るようだったのではなかろうか。

金文 → 篆書 → 楷書 獄

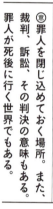

也

音 ヤ
訓 なり
意 断定を表す助動詞。連用形として用いれば並列を表し、地名や名前などの後につくと「～という」の意味に。

蠍か蛇の有毒生物？ それとも女性器？

成り立ちについては、「平べったくのびた蠍《さそり》」「体をくねらせる蛇」「女性器をかたどったもの」と諸説あるが、いずれにせよ象形文字を由来とする漢字である。

蠍にしても蛇にしても存在を示す言葉であり、現在と比べて昔はより蠍と蛇といった毒を持つ危険な生物が、恐怖をともなう圧倒的な存在感を持っていたことがわかる。

女性器説にも説得力がある。「也」に「土」を足すと「地」となり、人間だけでなく動物や植物の生活の基盤を文字通り支える役割を果たす。すなわち「生」をもたらすものであり、その意味が転じて、人間の子を産み落とす女性器を表したのかもしれない。

篆書

↓

楷書

也

蜀

音 ショク、ゾク
訓 いもむし

意 中国の地名および国名で、現在の四川省にあたる。『三国志』の時代の、魏、呉と並ぶ大国のひとつ。

布にしみ込んだどすぐろい血

「蜀」は象形文字が由来で、「虫」の字が使われているように、モデルになったのは虫、それも毛虫である。横倒しになった「目」の字が示しているとおり、その毛虫は大きな目を持ち、体を曲げてのたくっていた。

「觸」「屬」の二文字も「蜀」と同じように使われることが多く、前者は「つのを突きつける」、後者は「尻をつけて交尾する」という意味がある。

『三国志』の戦においては、民が犠牲になることも少なくなかった。つのを突きつけられる＝敵軍兵士の武器で攻撃された男は、さながらいも虫のように血を流して地をのたうったただろう。そしてその男が見るのは、敵兵に蹂躙されるわが妻の姿であったかもしれない。

甲骨 → 金文 → 篆書 → 楷書

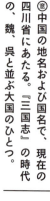

突

音 トツ
訓 つく

意 ものを勢いよく出し、その先端で打撃を与えること。つき出ているもの。だしぬけという意味も持つ。

火の神様に捧げるため犬を殺していた

下部は「大」となっているが、これは点が省略されたもので、旧字では「犬」であった。上部は「穴」なので、すなわち「突」は穴と犬によって出来上がった字ということ。

ここでいう穴とは、かまどに空いた穴のことである。かつて火は神聖なものとされ、かまどにも神様が宿っていると信じられていたのである。その神への捧げ物として、あるいは神を祀る場所を清めるため、昔の人々は犬を供物としていた。犬を犠牲にするほど、昔の人の生活にとって火は欠かせないものだったのである。

他にも、穴から犬が飛び出してくるさまから、「穴＋犬」で「突」という字が生まれたという説も有力視されている。

篆書

楷書

突

強

音 キョウ、ゴウ

訓 つよい、したたか、しいる

意 **力を持ち勢いがある、硬くて丈夫ということ。物事の度合いをさらに大きくする。無理に押し付ける。**

優れた攻撃力と防御力が「強さ」

「強」の成り立ちには諸説ある。そのひとつは、カブトムシなどがっちりとした体つきの甲虫。もうひとつが「弘」と「虫」の組み合わせから来たもので、弦が蚕の糸でできたとても優れた弓から来ているという説だ。

膂力《りょりょく》もさることながら、防御力に秀でた甲虫。そしていかなる物も貫通してみせる優秀な弓。このふたつが、古の人々にとっては「強さ」そのものであったのだろう。それはつまり、戦の絶えない世において恐怖の象徴であったとも想像できる。

刀をはじき返す堅固な盾と、一瞬で命を奪う弓矢。それらと戦場で相対した兵士たちは、それこそ強者たちにうよって虫けらのように殺されたのではないだろうか。

篆書

↓

強

楷書

皐

音 コウ
訓 さつき

意 **平地の水辺。沢や沼、水田などの水のある場所。丘などの高い場所。大きな声で叫ぶことなどの意。**

剥き出しになった白い骨

日本では五月を指す皐月という用語でおなじみの「皐」。この字の成り立ちには三つの説がある。そのうち二つは自然を由来とする説で、一方は高い丘を表しているとし、もうひとつは白い靄が立ち上がる様子を表していると解いている。そして三つ目の説は、四本足の獣の死骸をかたどっているというものだ。

この説では上部の「白」が頭を描いたもので、下の部分は胴体と四つの足を描いているという。その獣が何の動物であったかは定かではないが、雨風にさらされた死骸は骨が剥き出しとなり、その骨の白さから清らかな水辺という意味が与えられたという。「屍」の字源が人間の亡骸であるのに対し、皐は動物の亡骸を字源とする漢字なのである。

篆書

↓

楷書

皐

昆

音 コン
訓 —

意 あとに続くもの。子孫、兄を指す。前者は「後昆」「昆弟」。仲間や数、種類が多いことも意味する。

牙に毒を持つムカデなど多足類を表す

「昆」は「日」と「比」で組み合わされた会意文字。「日」は日光のことで、「比」は物や人が並ぶことを意味する。つまり、日光の下に物や人がずらりと並んでいる、たくさん集まっているさまを表しているのだ。

また、昆には足の数が多い昆虫という意味がある。代表的なものがムカデだろう。ムカデは肉食で小さな虫やクモなどを食べる。かなり獰猛な性格をしており接触するや、すぐにその牙で噛みついてくる。牙には毒があり、強く腫れることも少なくない。夜行性であるムカデは、夜になると食べ物を求めてしばしば屋内に入ってくる。今のように照明が発達していなかった昔は、闇にまぎれて突然襲ってくるムカデを畏怖していたことだろう。

金文 → 篆書 → 楷書

万

音 マン、バン

訓 よろず

意 **数を表す単位。10の1000倍、1000の1000倍。また、非常に数が多いことや、種類が多いこと。**

背中に多くの子を乗せた大蠍がモデル

「万」はもともと「萬」という字であり、これが簡略化されたものである。「萬」が表しているのは、昆虫の蠍。大型の猛毒蠍が左右の爪を開いているのを上から見た姿である。

蠍には、子供を背中に乗せて育てるという習性がある。多くの子をおんぶした親の姿を上から見た様子が、「萬」という漢字になったのである。

一匹でも怖いのに、さらにその数を増やそうとしているのだから、人間としてはたまったものではない。脅威は排除したいが、かといって近づけば親蠍の毒にやられてしまう。子を背負った蠍に人々は怖れおののいていたことだろう。「万」には、昔の人たちの絶望が隠されていたのである。

篆書

卍

↓

楷書

万

彙

音 イ

訓 —

意 一カ所に集めること。同じような種類を集めること。「彙類」は同類、分類という意味を持つ。

体を丸めて針を出したハリネズミ

「彙」には「豚」＋「丸い」という意味があり、体を丸めた全身に多数の針を展開するハリネズミを表す文字である。

ハリネズミと同じく、全身に針のような毛（針毛）を持つヤマアラシという生物がいる。ハリネズミは体重300グラム程度で温厚な性格をしており、とても可愛らしい。対してヤマアラシは体重が約20キロもあり、性格も獰猛だ。

そして何よりおそろしいのは、やはりその針だ。虎や豹など肉食動物の鍛えられたあごをやすやすと貫通し、肉をズタズタにしてしまうほどの硬さなのである。「彙」は同じ種類という意味だが、ハリネズミとヤマアラシでは、その恐ろしさは段違いである。

篆書

↓

楷書

彙

厭

音 エン、オン、ヨウ

訓 いや、あきる

意 **嫌悪。ヨウと読む場合は、押さえつけるという意。「禁厭」は、おまじないで病気や災害を防ぐこと。**

獣肉の脂肪分に飽き飽きとしたさま

「厂」の下は熊と犬からなり、これは脂肪が多くてしつこい動物の肉を表している。最近では野生の鳥獣の食肉（ジビエ）を調理して出す店が多く、美味であると評価が高いが、それは丁寧な下処理や調理があってのこと。

かつてはもちろん今のように調理法が発達しておらず、狩ってから時間の経った熊や犬の肉は、強烈な臭気を発していただろう。そこに脂身のしつこさが加わっては、とても食べられたものではない。かといって貴重な栄養源を捨てるわけにもいかず、人々はそれこそイヤイヤ口に運んでいたことだろう。「厂」は重しの石を表し、獣肉の脂を食すときには、それだけ飽き飽きとした心持ちになっていたのである。

金文

篆書

楷書

厭

column

動物から生まれた漢字

馬や虎、鹿など、動物の姿を由来とする漢字も多い。
ここでは動物をもとにした字から派生して、
人間の行動などを表すようになった漢字をいくつか集めてみた。

慶

音 ケイ
訓 ―

「鹿」の略字に「心」と「夂（歩く）」を組み合わせた会意文字である。昔の高級品だった鹿の皮をお祝い品として持って行く時のように心が躍る、喜びの気持ちを表している。

駅

音 えき
訓 うまや

「駅」の成り立ちは、旅の途中において馬を繋いで休む場所に由来。そうした起こりから、馬で移動しなくなった現在でも交通の要所を示し、鉄道などの停車地を表す漢字になっている。

躍

音 ヤク
訓 おどる

「躍」の字には心が跳ね上がるような印象がある。「躍」のつくりは鳥が尻尾の羽を高く上げた様子で、そこに「足」が並べられて、高く飛び上がることを表している。

特

音 トク
訓 ―

ここでの「寺」が持つ意味は、立ち止まること。群れの中でひときわ目立っている牛の近くで立ち止まることを「特」は表していて、それが特別な物ごとを表す由来になった。

伏

音 フク
訓 ふせる

「亻（立っている人）」と「犬」の会意文字。犬が主人に寄り添って歩く様子から「服従する」という意味が生まれた。ある方向などに「伏せる」という意味も犬の仕草が由来。

美

音 ビ
訓 うつくしい

見た目のきれいさを表す「美」は「羊」と「大」の会意文字。きれいな毛が取れる羊は家畜の中でもとりわけ大切にされ、大きくて形のよい羊を人間の美しさに例えた。

「罰と拷問」にまつわる怖い漢字

幸

音 コウ

訓 さいわい、しあわせ、さち

意 **運がいいこと。思いがけない幸運に出合うこと。気に入られること。海や山で手に入る食べ物など。**

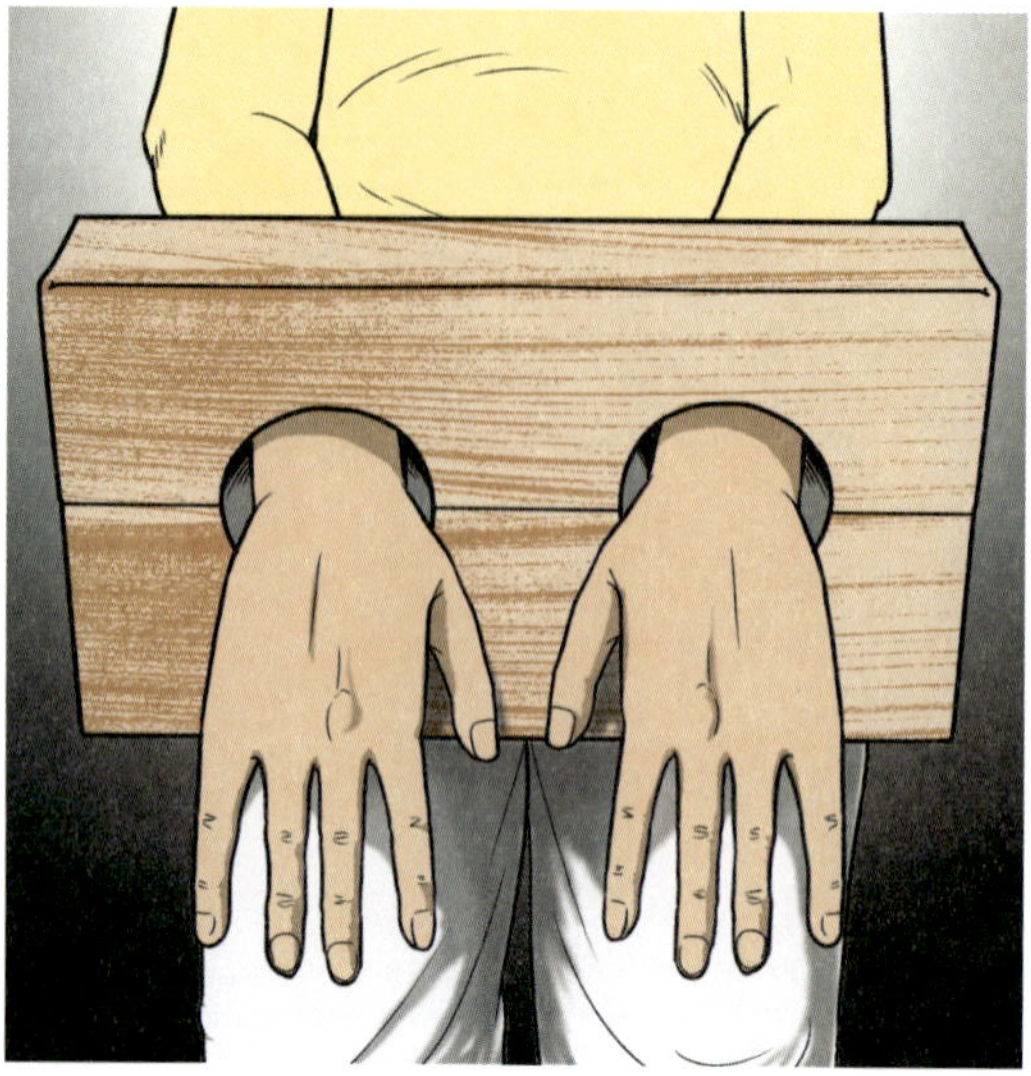

絶望から解放された幸せ

幸せというのは誰もが望むことである。しかし、「幸」という漢字は、罪人の手足にはめられた手枷から成り立っている。どうして、そんな物が「しあわせ」という字の由来になったのだろう。

古代の中国では「五刑」という刑罰がおこなわれていた。最も重い罰はやはり大辟《たいへき》（死刑）で、その下に宮刑《きゅうけい》（去勢、幽閉）、劓刑《ぎけい》（鼻削ぎ）、黥刑《げいけい》（刺青）、剕刑《ひけい》（足切り）という四つの拷問があった。そんな悲惨な罰や拷問が頻繁におこなわれていた時代なのだから、手枷で拘束されているうちはまだ安全。さらに五体満足のままで解放されることは、この上ない「幸せ」だったのである。つまり絶望から助かるという幸せのモチーフに手枷が利用されたのである。

甲骨 → 篆書 → 楷書

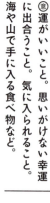

囚

音 シュウ
訓 とらえる

意 罪を犯して監獄の中に入れられること。または、その人。罪人を捕らえて監獄に入れることなど。

塀で囲まれた空間に閉じこめられた人

「口」と「人」から成り立つ会意文字。口は空間を囲む塀のこと。「人」はそのまま人間を指し、すなわち、閉じ込められている人を表している。

かつて中国では多種多様な文化が生まれたが、中には好ましくない発展を遂げた分野がある。それは刑罰についてだ。

罪を犯した者や権力者にたてついた者は当然、罰せられるのだが、その方法が残酷極まりない。投獄されるだけでは済まされず、四肢を切断される、男性器を縛り上げられて腐敗させられる、さらには女性器を縫い合わせるなど、聞くも無残な方法を取っていたのだ。

「囚」の字は、自由はおろか、生命や尊厳さえも奪われる恐怖を孕んでいるのである。

篆書

↓

楷書 囚

赤

音 シャク、セキ
訓 あか

意 **三原色のひとつ。火の燃えるような熱っぽさい色。血のような色。共産主義、共産主義者を指す言葉。**

はりつけにされて火刑に処される罪人

「情熱の赤」なんて言葉もあるが、「赤」の字の由来はそんなかっこいい場面がもとではない。

「大」と「火」から成る会意文字で、燃え盛る火の色を表す漢字である。勘のいい読者の中にはピンと来た人もいるかもしれないが、ここでいう「大」は人間のこと。そう、大の字になってはりつけにされ、火あぶりに処せられている罪人である。

処刑台の左右からは火がごうごうと燃え盛り、罪人の体を容赦なく炙り焼いていく。表皮は瞬く間にただれ、皮はパチンという嫌な音をたてて裂ける。

周囲には肉の焦げるいやな臭気が充満する中、それまで響いていた罪人の悲痛の叫びはやがて弱々しく消えていく……。「赤」には、このような残酷な光景が秘められているのだ。

甲骨 → 金文 → 篆書 → 楷書

械

音 カイ
訓 ―

意 しかけ。からくり。器具の総称。手かせ、足かせなど罪人の自由を奪う目的で手足にはめる物。

罪人の自由を奪う頑丈な手かせ、足かせ

「木」と「戒」から成る形声文字で、音符である「戒」はいましめるという意味を持つ。

今の日本でも手錠で容疑者や犯罪者を拘束するが、古代中国では木製の手かせ、足かせを用いて罪人の自由を奪っていた。これは暴力的な反抗や逃走を封じるためであると同時に、罪人が自殺できないようにするという目的もあった。

手かせに似たものは世界各地で見られる。ブラジルで生まれた格闘技カポエイラは踊るようにして敵に蹴りを浴びせる足技で知られるが、これは手かせをはめた罪人の戦い方がモチーフになったという。

古代中国においても手かせや足かせは罪人を捉える「道具」だったことが、後になってしかけやからくりがある道具という意味を持つことになった。

篆書

↓

楷書

械

央

㊅ オウ
㊆ なかば
㊥ 中ほど、真ん中の意味。中央はど真ん中。「震央」の場合には、地震の震源のちょうど真上の位置を表す。

捕らえられて地面に組み伏せられた人間

「央」の字が表しているのは、大の字になって寝ている人である。横棒は、くさび、かせなどを表し、つまり、この人間は自分の意思で寝ているのではなく、捕らえられ、無理やりに寝かされている状態だということだ。また、ひざまずかされた態勢で手を左右に引かれ、強引に頭を押し倒されている様を表している。

この状態にある人が次に何をされるのか。それは、いうまでもなく処刑である。その者は自らに迫った死期を悟り、うつろな目を地に向けるばかり。やがて処刑人の振り上げた剣が風を切る音を鳴らすや、男はただの肉塊……人間だった物になり果てる。処刑台の中央には、血でできた赤い花が咲くようであった。

金文
篆書
楷書

遅

音 チ

訓 おくれる、おくらす、おそい

意 **物事の進み具合に時間がかかりすぎていること。のろのろとしているさま。予定の時間よりも過ぎていること。**

歴史上最も残虐な「凌遅刑」とは？

「遅」の左側は「辶」で、右側は元々「犀」という字であった。犀は動物のサイ。大きなものは体重が2トンを超える動物で、動きが非常にゆっくりであることから「遅い」という意味を表す字になったのである。

古代中国で実際におこなわれていた処刑に「凌遅《りょうち》刑《けい》」があり、これは歴史上もっとも残虐な処刑法のひとつとされる。

まず、罪人は公衆の面前で縛られる。それを見物に来た者たちには小刀が渡され、恨みを持つ者は罪人の肉をそぎ切ってよいというのだ。

すぐに死んでしまわないよう、ほんの数センチずつ肉を切り取る民衆たちは恍惚に笑み、ゆっくりと時間をかけて罪人の命を奪ったのだった。

篆書

楷書

刑

音　ケイ、ギョウ

訓　—

意　罪を犯した者に罰を与えること。また、その制裁のこと。元々は罪人を枠内に閉じ込めてこらしめていた。

刀を使って罪人に体罰を加える

「刑」の左は「井」で、これは四角い枠を表している。「刂」は刀のことで、すなわち牢屋に閉じ込めた者に刀で体罰を加えていることを指し示しているのだ。

これが刀のような物で体をめった打ちにされる程度なら、まだましな方だ。だが、その文化的発展度のみならず残虐さにおいても世界最高峰であった古代中国では、それだけでは決して終わらない。刀を使って罪人に何をするかといえば、人体の一部を切り落とすのである。

中でも多かったのが鼻と耳だ。生きたままで鼻や耳をそぎ落とされる激痛がもたらす絶叫、そしてその刑に怯えるすすり泣き。牢獄からは毎日、そんな声が聞こえていたのだろう。

篆書

↓

刑

楷書

県

音 ケン
訓 あがた
意 「ケン」の場合は、都、道、府と並ぶ、地方公共団体。日本には43ある。中国の行政区の単位でもある。

兵士の首を剣に突き刺した状態

地域を分割する単位としてふだん何気なく使っている「県」という漢字は、恐ろしい意味が内包されているのをご存じだろうか。

時は古代中国。群雄ひしめく戦乱の世において「県」に住む人々は、自分たちの土地を守るために他の県からやって来る侵略者と激しい戦いを繰り広げていた。

ある戦いで、侵略側が勝利を治めた。勝利した県の将軍は並んでひざまずく捕虜たちの前に立つと、ひとりの前で剣を振り下ろした。斬り飛ばされる捕虜の首。将軍はそれを剣先で突き刺し、勝利の雄たけびをあげたのだった。「県」は首を逆にした形。切り取られた首は高所にぶら下げて自分たちの力を誇示したという。

篆書

楷書

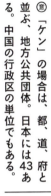

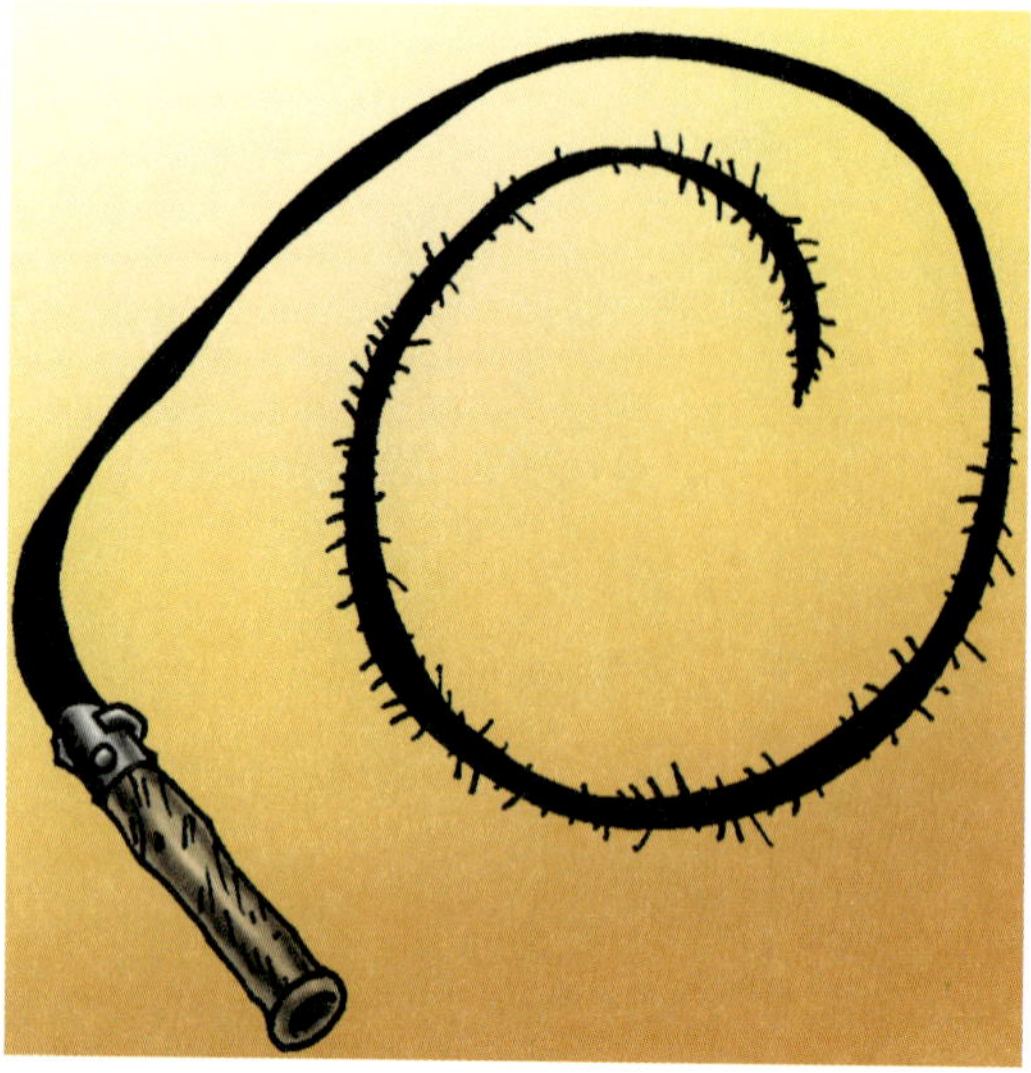

策

音 サク
訓 むち

意 計画、はかりごと。計画を立てること。ある物事に対して実施する手段、作戦。鞭、杖のことでもある。

ギザギザした鞭で叩く

「策」は計画、作戦という意味で使われるのが一般的だが、鞭を打つという意味がある。

上部の「⺮」はそのまま竹を表し、下部の「朿」はとげの象形文字で、読み音では「打つこと」を表す。つまり、ギザギザした鞭で叩くこと、責め苦を味わわせることである。

策は主に馬を鞭で叩く際に用いられる字であるが、罪人も馬に使うような非常に強い鞭で叩かれていたことであろう。

一撃で皮は裂けて血が飛び散り、白い骨が露出する。「策」を戦における作戦という意味でとらえれば、これは敵の軍勢に対して鞭を振るうこと。多くの命を奪う、知略という名の恐ろしい死の一振りなのである。

篆書

↓

楷書

策

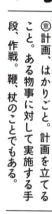

斬

音 ザン
訓 きる

意 剣や刀など、刃物をを使って攻撃し、相手の体に傷をつけること。また、首を切り落とされること。

車でひき殺した後、斧でミンチ状にする

「斬」は左側の「車」と、右側の「斤」から成る会意文字。モチーフは、かつて中国で実際におこなわれていた残酷きわまる処刑方法のひとつである。

この刑に処せられる罪人は、まず道の中央に立たされた。それに向かって木製の車が突進し、罪人をひき殺すのである。

処刑はこれでは終わらない。なんとすでに命を失った罪人めがけて、男たちが一斉に襲い掛かるのだ。男たちは手に持った斧で男を斬り、突き、叩く。罪人の体が原型を一切とどめない挽肉のような状態になり、ようやく処刑は終わりとなる。

罪人をミンチ状にするのは、万が一にも罪人の霊が漂わないよう、魂までをも切り刻むためであったと伝えられている。

篆書

↓

斬

楷書

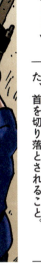

執

音 シュウ、シツ
訓 とる
意 手に取ること。主に政治や業務、公務などを執りおこなうこと。ぴったりとくっついて離れないこと。

手かせをはめられてひざまずいた罪人

「執」は突き出した両手に手かせをはめられた人が、ひざまずいている姿を表している。つまり、何らかの理由によって捕らえられている人間のこと。会意文字とも、象形文字ともいわれる。同じ意味と音符を持つ文字に「蟄」があるが、「蟄居《ちっきょ》」というと一般的に自宅謹慎のことをいう。

「執」には「執着」のように、ひとつのことにしつこく取りつくという意味があるが、一方で断ち切るという意味もある。

捕らわれた者の「執」は、無論、自分の命についてであろう。死刑を宣告された者は、はじめ生きることに執着するが、やがて諦念して生への希望を断ち切る。そんなもの悲しい心情が垣間見えるようではないか。

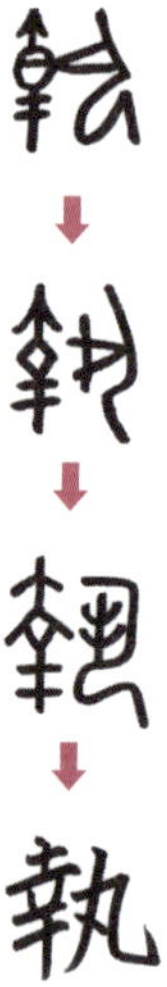

甲骨 → 金文 → 篆書 → 楷書

辟

音 ヘキ
訓 ―
意 人々を治めるリーダー。君主。人を引き抜く、異動させること。また、体を横に引き裂いて殺す刑罰。

臣下に処刑を命じる冷酷な君主

「人」と「辛（刑罰を加えるための刃物）」と「目」からできている会意文字である。「人」は刑罰を下す判断ができる権力者という意味で、ここではその地域の君主を表している。

ある日、君主の前にひとりの罪人が連れてこられた。怯え切った罪人とは裏腹に、君主は退屈そうにその男を見下ろしている。すると、臣下のひとりが君主に問うた。

「この罪人の処遇、いかがいたしましょうか」

君主は冷めきった目を罪人に向けたままで処刑を命じる。罪人は体を刃物で引き裂かれて絶命する。戦乱の世に死体など珍しい物ではない。血を流す罪人の死体を、君主はきっと辟易とした顔で眺めていたことだろう。

篆書

↓

楷書

辟

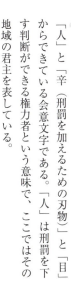

択

音 タク
訓 えらぶ

意 いくつかの中から適したものを決めること。また、複数ある中から区別し、良し悪しを分けたりすること。

手かせをはめた容疑者を面通しする

「択」は形声文字で「扌（手）」と、読み音を表す「尺」から成り立っている。このうち「尺」は数あるもの、次々と現れるものの中から選び出すという意味で、すなわち手で持って選ぶという意味で用いられる字である。

これとは別に、字の成り立ちについてもうひとつの解釈がある。「扌（手）」は手かせのことで、つまり手かせをはめられた容疑者の中から、犯人を探すさまを示しているという説だ。

手の自由を奪われた容疑者たちは、事件の目撃者の証言によって有罪か無罪かを下される。科学捜査など望むべくもない時代、誤認されることも少なくなく、きっと多くの罪なき者を罰せられたに違いない。

篆書

↓

楷書

擇

摘

音 テキ

訓 つむ、つまむ

意 **選び出すこと。また、指先や箸などを使ってはさむように持つこと。重要な部分のみを抜き出すこと。**

指を三本まとめてちぎり取っている様子

左側は「扌(手)」。右側はもともと「帝」という字であった。帝は三本の線を束ねて締めた様を表している。これに「手」がつく「摘」は、指を何本かまとめて引きちぎることを意味している。

これまで書いてきたように、古代中国では人体の一部を切り取ったり、そぎ落としたりする刑罰がおこなわれていた。これら人体の一部を切除する刑罰は「肉刑」と呼ばれ、人々をおおいに恐怖させたのである。

「摘」もこの肉刑から生まれた一字と考えるのが妥当であろう。時は民の命がちりほどの価値を持たない時代。刑を執行する者の中には「自分で指をちぎってみろ」と罪人に面白半分で命令する者などもいたのではなかろうか。

篆書

↓

楷書

摘

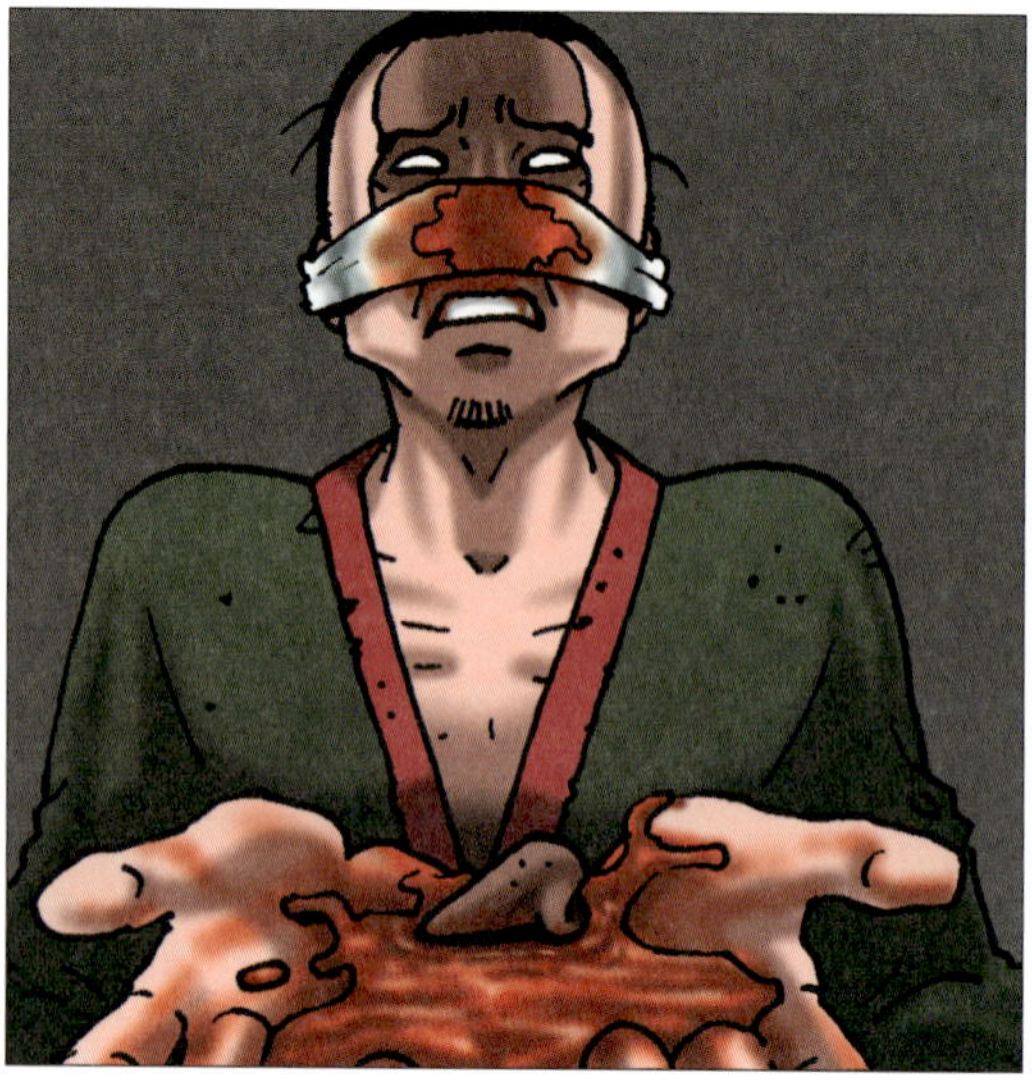

罪

音 ザイ
訓 つみ
意 法や道徳、宗教、マナーなどに背く悪い行い。そして、その責任。また、それに対して与える罰のこと。

鼻に刺青を彫るか、切り落とされるか

「罪」は「自」と「辛」の字を組み合わせたものと伝えられている。「自」はその人の顔のこと。「辛」は刺青を彫るための針である。

古代中国では、罪を犯した者はそれが一目でわかるように刺青を入れられていた。つまり「罪」の字は悪さをして鼻に刺青を入れられた人を表しているのだ。

刺青ならまだよい方で、中には罪を償わせるために鼻をそぎ落とされた者もいた。刀によって肉を切り裂かれる激痛と同時に、ぐちゅぐちゅとイヤな音を立てて鼻が切り離されていく。きっと狂わんばかりに罪人は泣き喚いたことであろう。ちなみに元々は「皇」と似た字であったが、秦の始皇帝の時代に今の「罪」の字に改められたという。

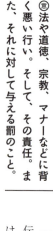

殿

音 デン
訓 との、どの、しんがり
意 **身分の高い人や主君に対しての呼称。そのような人が住む邸宅。また、最後尾のことを指す言葉。**

尻を鞭で叩く刑罰がベースの漢字

「殿」の左側は尻を、右側は手や棒などで打つことを意味している。古代中国では尻を鞭で打つ刑罰があり、ここから生まれた字であるという説が広まっている。

いわずもがな尻は肉が厚い部分だ。ここを鞭で打ったとしてもたいしたことはないと思うかもしれないが、それは大間違い。鞭は非力な者がしなる力を使って敵に痛手を負わせる武器である。手練れの者が扱えば、たったの一撃で肉を引き裂き、骨にまで傷を負わせたと伝えられている。

鞭打ちは中国のみならずヨーロッパでも広く見られた刑罰であった。人を生かさずも殺さない程度の痛みを与え、その音がもたらす恐怖心で犯罪の抑止力にもなっていたのである。

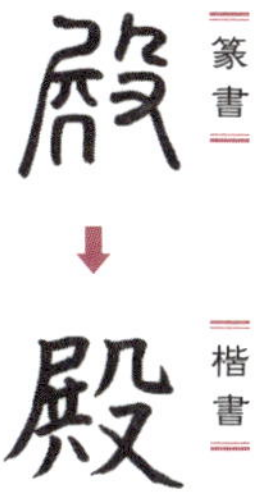

童

㊀音 ドウ
㊀訓 わらべ、わらわ、わっぱ
㊀意 **元服する前の幼い子供。使い走り、召使いの子供。髪を束ねず垂らしたままの髪、またその髪型の子供。**

犯罪を犯した子供のまぶたに入れる刺青

上部の「辛」と下部の「重」を組み合わせて出来あがった一字。「辛」とは刺青の針のこと。なぜ、子供を意味する「童」に刺青が出てくるのかというと、実際に入れられていたからである。

かつて中国では、罪を犯した者への処刑が多く執りおこなわれてきた。中には子供が犯罪に手を染めてしまうケースもあったが、将来があり、更生の余地がある子供を死罪にするのはあまりに忍びないということで、違う罰が作られた。両方のまぶたの上に罪人の証である刺青を横一文字に彫られ、それを一生背負わされたのである。

更生の余地があるというなら、もう少し目立たない処罰はないかとも思うが、それが時代というものなのだろうか。

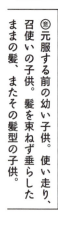

殴

音 オウ

訓 なぐる

意 手で殴ること。叩くこと。杖、ムチを使って人や物を打ち据えること。物ごとを乱暴に行うことなど。

立てなくなるまで殴り続ける

当たり前だが、殴るというのは拷問の常套手段だ。スパイ映画などでも、敵役が拘束した主人公を激しく殴りつける拷問シーンがよく見られる。

「殴」という字は「区」と「殳」から成り立っている。篆書を見ると分かるように、昔の「区」は「匚」の中に三つの「口」が入った形をしている。これは、細かな物がひとつの範囲に集まったさまを表している。一方、左の「殳」は「手で叩く」という意味。これらの意味を合わせて、「殴」は相手が立てなくなるまで何度も殴り続ける様子を表しているのである。

なお、「殺」も「殳」の部首を持つ漢字。その成り立ちはネガティブな文字の印象と異なり、もち粟を収穫する様子に由来している。

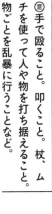

column

武器から生まれた漢字

人間の体や動物と同じように、武器も漢字の成り立ちの重要なモチーフで、戦にまつわる言葉以外にも、さまざまな場面に用いる言葉に組み込まれている。

或

音 ワク
訓 ある

古代の武器である矛の甲骨文字「戈」が、ある一定の地域を示す「口」を囲っている。つまりは武器をもってある範囲を守る様子。もっと広大な範囲を表す漢字が「國」なのである。

戦

音 トウ
訓 いくさ

つくりの「戈」は、古代の武器の矛をかたどった象形文字である。へんも扇状の武器の象形文字で、二つの武器が並べられて「たたかう」の意味が成り立っている。

浅

音 セン
訓 あさ

つくりの形は古代文字では「戔」で、矛を二つ重ねた会意文字である。「戔」には小さく削るという意味があって、そこから「浅」は水が少ない（浅い）という漢字になった。

則

音 ソク
訓 のり

「貝」は食事が入った釜で、「刂」は刀を表している。調理で材料を切るために、釜の近くに必ず刃物が置かれていたことが成り立ちの由来で、やがて物ごとの法則を意味する漢字になった。

役

音 エキ
訓 やく

ここでは「殳」は矛を持っている手の意味。「彳」は道を進むことなので、矛を持って家の外で作業をするということとなる。役割や役目という意味は日本で生まれた。

祈

音 キ
訓 いのる

「斤」は斧を物に近づけている様子を表していて、「ネ（示）」は祭壇を表している。斤の「近づく」の意味を借りて、神のもとに近づいて祈ることを意味しているのである。

「儀式と戦い」にまつわる怖い漢字

我

音 ガ
訓 われ
意 自分のこと。また、二人称の人代名詞として、相手を指す言葉。自分本位という意味でも使われる。

いけにえの羊を切り刻むのこぎり

刃がギザギザとしてのこぎり状になっている矛をかたどった象形文字が由来。同じく「ガ」と読む「峨」は、ギザギザに切り立っている山を表す同系の言葉である。

では、なぜ「我」が一人称の代名詞「われ」を表すようになったのか。それは古代中国のある風習に由来する。それはいけにえである。

戦乱や水難、干ばつ、それにともなう飢饉。多くの村々はたびたび厄災に見舞われた。それを神の力であると信じていた民たちは、羊をいけにえとして捧げた。その際、肉を断ち切るために使用していたのがのこぎりだったのだ。生きたまま肉を切られる羊の断末魔は、果たして天上の神に届いたのだろうか……。

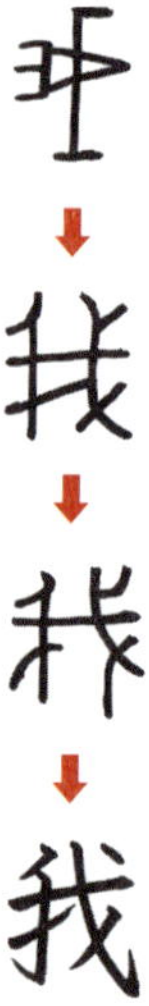

甲骨 → 金文 → 篆書 → 楷書

祭

音 サイ
訓 まつり

意 神仏や先祖をまつること。もしくはその儀式自体を指す。現代では、祝いごとなどの催し物一般をいう。

神と繋がるために生け贄を差し出す

日本における祭りの原義は、神に供え物を捧げて五穀豊穣や健康などを祈る神事である。そして、その際の神を「祀る」や「奉る」という行為に「祭」の字が当てられたというのが古くからの定説だ。しかし、「祭」の字は伝来した時すでに祭祀の一場面を表していた。

この字の左上は「肉」を、右上は「手」を表している。そして「示」は祭壇のことで、つまりはお供え物となる生け贄の血や肉を差し出す姿を意味しているのだ。甲骨文字を生んだ「卜《うらな》い」も神のお告げを聞く祭祀のひとつ。ほかにも、雨乞いや疫病撲滅などの祈願も祭祀だった。そして人と神と通じるには動物や人の生け贄が必要で、それを捧げるさまこそが「祭」なのだ。

甲骨 → 金文 → 篆書 → 楷書

巴

㊂ ハ
㊁ ともえ

㊄水が渦を巻いているような、勾玉に似た模様のこと。そこから、物が円を描くように動くさまも指す。

腹ばいになって倒れた人間を描いた文字

弓を放った後、弦が射手に当たらないようにするための道具を「鞆（とも）」といい、これに書かれていた絵ということで、鞆＋絵で「巴」という国字が生まれたとされる。

漢字の成り立ちとしては、人が腹ばいになった姿を描いた象形文字という説が一般的だ。

巴はその形から三つを一組にすると収まりがよく、そこから三つ巴という言葉が生まれている。

三者、あるいは三つの軍勢が弓矢を構えて、戦はまさに一触即発の状態にあった。そのとき、一本の矢が空を引き裂いて飛び、ひとりの兵の胸を貫く。よろよろと地面に倒れる瀕死の兵。それを合図に激戦が幕を開ける……そんな凄惨な光景が目に浮かぶようである。

篆書

↓

楷書

巴

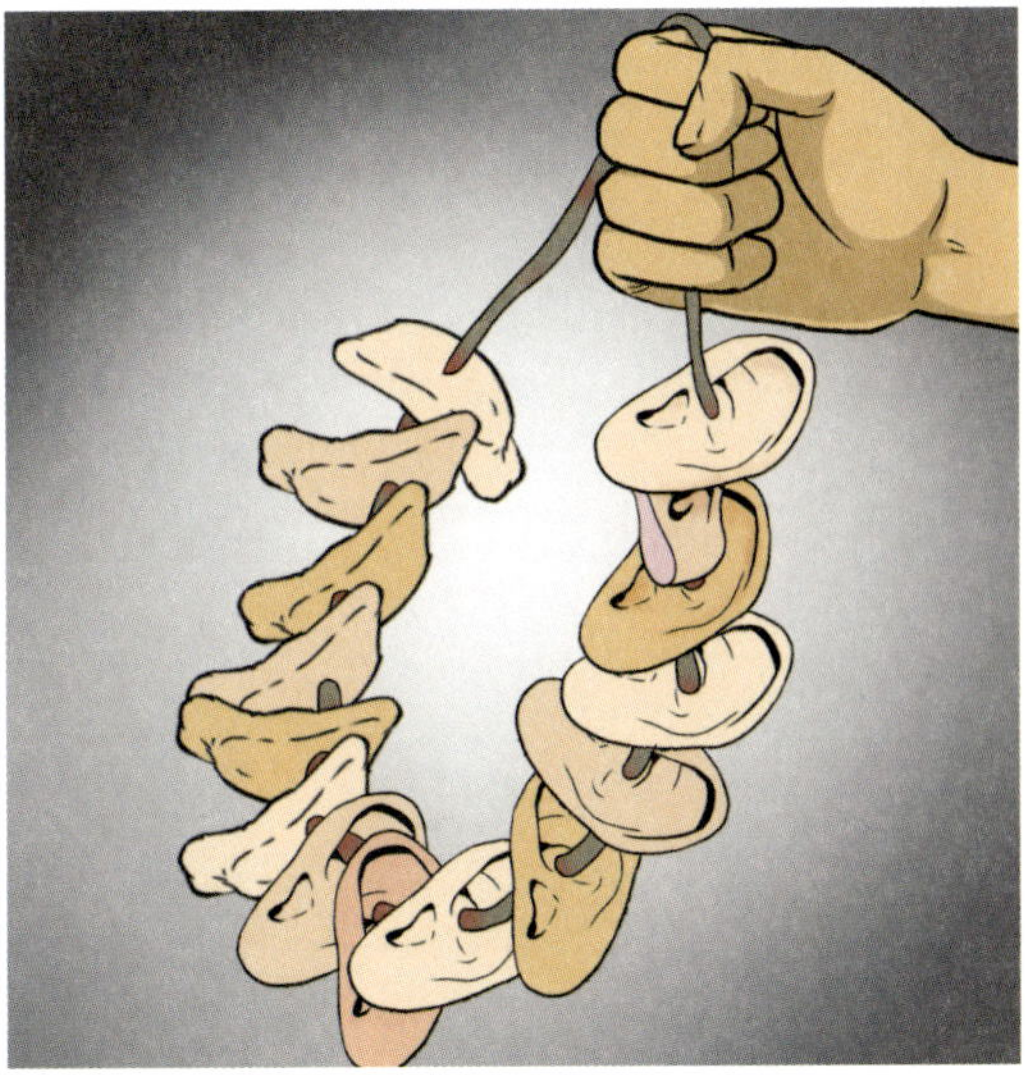

聯

音 レン
訓 つらなる
意 **物ごとがつながること。次々と続いていくこと。似たようなものを二つ並べて一対にすることなど。**

一本の糸につらなる人間の耳

現代では目にすることの少ない「聯」の字だが、かつて「連」にはこの漢字が使われていた。

「聯」のつくりは人の髪に糸を通したさまを表している。そこに人間の耳を表した甲骨文字の「耳」が並べられ、これらを合わせて切り取った耳に糸を通した様子を表しているのである。古代中国の戦場では、討ち取った敵の耳を持ち帰り、勝利の証にしたと伝わっている。戦に勝つ度に幾つもの耳を結っていくことから「つらなる」という意味が生まれたのである。

なお、「聯」が同じ音を持つ「連」の字に置き換えられたのは近代になってからのこと。意味的にも似た漢字だが、「連」の字源は車が連なって進むさまを表した会意文字である。

篆書 
↓
楷書 聯

亜

音 ア
訓 —
意 醜い物を指す。ある物の次に来る物、次位の存在という意味もある。アジア（亜細亜）の略。

古代の墓を真上から見たさまを表す

古代の墓を真上から見た形、または墓を作るために四角い形に掘った土台をかたどった象形文字とされる。

　墓を作るのは故人の次の世代であるということ。また、土台は人目にはふれずに何かを支え続けるということから「続く」「次世代」「つなぐ」の意味で用いられている。

　他方、醜い物という意味もあるが、これは「亜」が「悪」に通じている証とされている。「悪」は墓穴の意味を持っていて、永い眠りについた人の墓の穴に入るような者には何らかの災いがふりかかって当然である。そこから「亜」は醜い者という意味でも用いられるようになったと考えるべきだろう。

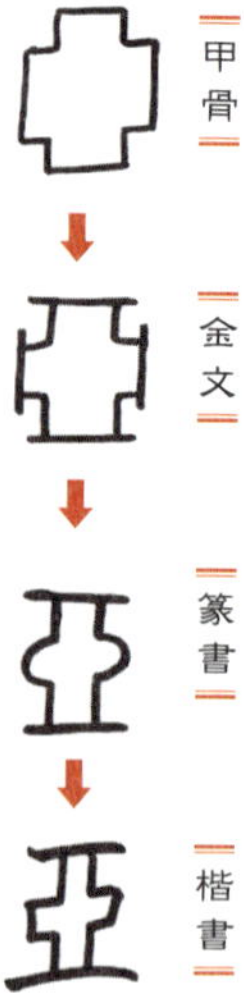

仰

音 ギョウ、コウ

訓 あおぐ、おおせ、おっしゃる

意 上を見上げること。また、相手を見上げるようにして敬うこと。程度が大げさなさまを指す言葉でもある。

見下ろす者とそれを見上げる者

右側の「卯」は、高い場所に立って人々を見下ろして演説する者と、ひざまずいてそれを見上げる者を表している。これは宗教的な儀式の様子から来たものとされ、つまり、高い場所に立っているのが教祖で、低い場所にいるのが信者と考えるのが妥当であろう。

世界の歴史の転換点には、常に宗教の存在があった。かつての中国でも同様で、『三国志』の序盤では、後に英雄となる者たちが太平道《たいへいどう》という宗教の教祖である張角《ちょうかく》と激闘を展開している。

宗教は心のよりどころとなり、精神的安定をもたらしてくれる。しかし、教祖が神を仰ぐのではなく、神として仰がれるようになると暴走につながるのは歴史が証明している。

篆書

楷書

威

音 イ

訓 おどす

意 力によって人を怖がらせること。また、人を恐怖させて従わせるような勢い。神々しい厳かな力。

「まさかり」と「女」で成り立つ漢字

「威」は「戉（まさかり）」と「女」が組み合わさった文字で、善悪それぞれの解釈がある。まずは善の解釈からひも解こう。

この字において女は、祭祀を務める巫女のような存在。そして儀式としてその女性をまさかりで清めるのが、「威」という字の成り立ちなのだ。そこから神々しい力のことを威というようになったのである。

と、ここまでが善の解釈。悪の解釈は「まさかり」によって「女性」を脅しているさまを示すというものだ。

戦時なのか、はたまた家に押し入った強盗なのか。男は女に向かって武器を向け、金品や貞操を、まさしくおどして奪っていくのであった。

篆書

↓

威

楷書

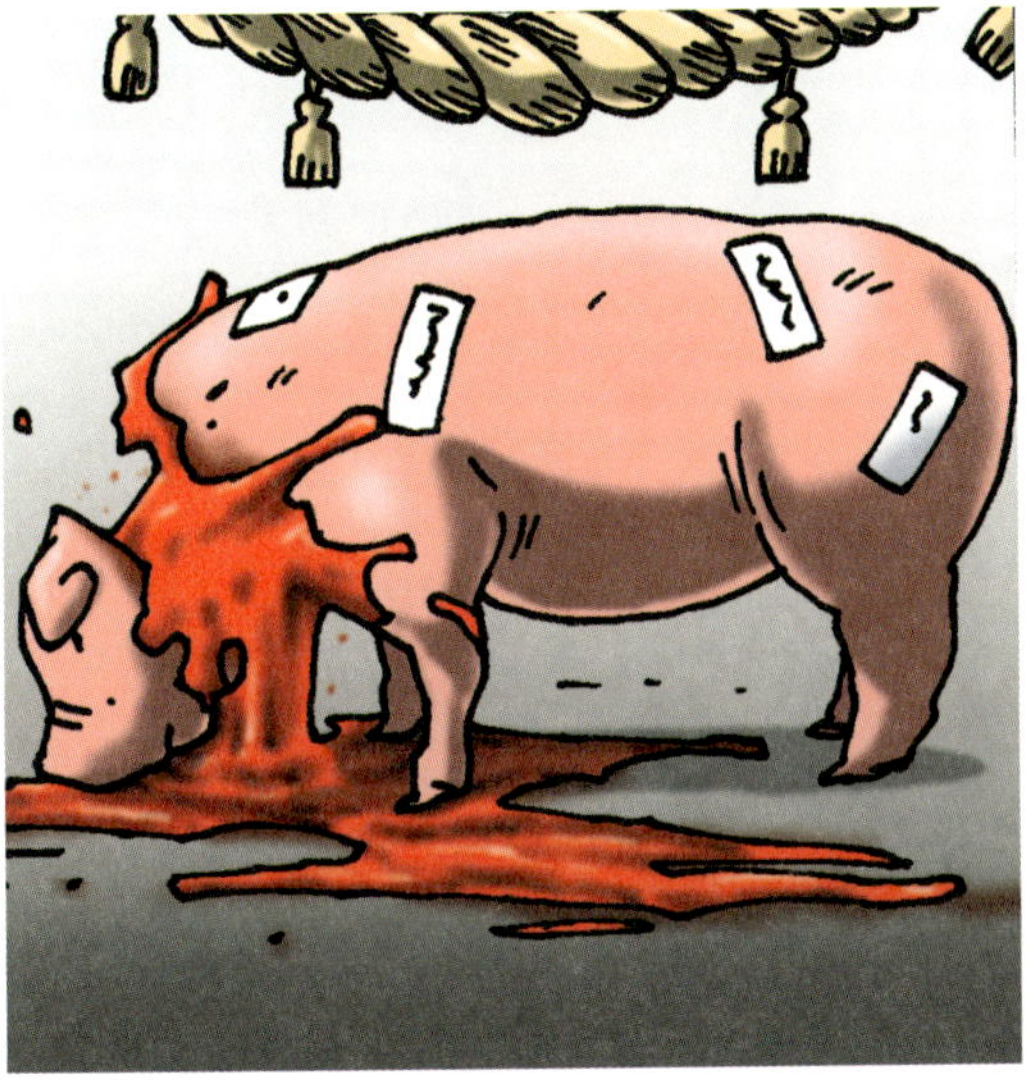

家

音 カ、ケ

訓 いえ、うち、や

意 人間が住むための屋敷のこと。屋根と壁で覆われている。また、生活の中心となる場所も意味する。

豚を家の中で焼き、神への捧げものに

「家」は上部の「屋根」と下部の「豚」から成る会意文字。家畜に屋根をかぶせていることを表している。

昔の中国では神への捧げ物として、動物が用いられた。皇帝や県の長など身分の高い者は生きた人間を供物としたが、一般市民ではそうはいかない。そこで用意したのが豚。食用にされる豚は市民にとって貴重であり、だからこそ神への捧げものとしたのである。

捧げものにする豚は、まず叩いて殺された。血を流し、ぴくぴくと体を痙攣させる豚を屋敷の中に運んで焼き、それを供え物としたのである。儀式が終わってしばらくしてからも、豚から流れた血と糞尿、そしてなんともいえぬ死臭が屋内に充満していたという。

幾

音 キ

訓 いく、いくつ、いくばく

意 **数を尋ねる際に使う。「幾日」などでは不特定の意味。「幾千」などでは数量が多いことを示す。**

敵の首先まで武器の刃が届くさま

上部の二つ並んだ「糸」は、それぞれ細い糸を表している。下部は「弋（矛）」と「人」。つまり、人の首に、細い糸ほどの隙間しかないところまで矛の刃が迫っているということである。

戦の際、兵たちの先頭に立って勇猛果敢に戦う将軍がいれば、陣の奥で指揮を執る者もいる。隠れるようにしている将軍を倒すのは容易ではないが、中には軍勢を引き裂くように突撃して刃を届かせた者もいただろう。

敵の将軍を倒せば、無論、英雄として賞賛される。しかし、途中で傷を負ってしまえば戦功を上げるどころではない。「幾」は傷を縫い合わせるという意味もあり、このような無謀なだけの兵士から生まれた字かもしれない。

斤

音 キン
訓 おの

意 尺貫法の重さの単位。一斤は一般的に一六〇匁《もんめ》（約６００グラム）のこと。また、斧のことでもある。

主に戦いに使われた柄の長い戦斧

「斤」は斧の刃を近づけて、何かを切ろうとする様を描いた象形文字が由来である。斧そのものという意味があるが、一方では重さを計る単位としても用いられる。これは、はかりで目方を調べる際に、かつては分銅の代わりに石斧を使っていたことが起源とされている。

日本の昔話にもたびたび斧が出てくるが、そのほとんどが農業や林業に使う道具で、柄の短い物である。ここでいう斧はそれら作業用ではなく、戦いに使う斧、すなわち戦斧のこと。

ちなみにこの戦斧をはじめ、すべての兵器は中国の神話に登場する魔神・蚩尤《しゆう》が開発したという伝承が残っており、かの国では戦いの神として崇められている。

金文

篆書

楷書

庫

音 コ

訓 くら

意 所有している物をしまっておく建物。倉庫。「車庫」「文庫」など。「庫裏」は寺の台所の意。

兵器や車を保管していた場所

「庫」は「家」と「車」から成る会意文字。ここでいう家は屋根のこと。すなわち、荷車などの車や兵器、兵糧など戦に必要な物をしまい、屋根をかぶせた場所のことを指している。

ちなみに同じく所有物をしまっておく倉でも、農作物を入れておく場所は「納屋」で、財貨を入れておく場所は「府」という。

屋根をかぶせて保管するのは、それだけ重要な物であるということの表れ。特に兵の食料を保管している兵糧庫は敵に襲われやすい。食料が底をつけば兵士の士気は瞬く間に低下し、敵兵によって皆殺しにされるか、味方の屍肉すらも奪い合うような極度の飢餓状態になったことだろう。

篆書 庫

↓

楷書 庫

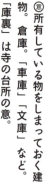

示

音 ジ、シ、キ
訓 しめ
意 出して見せること。表すこと。指で差し教えること。告げること。みせしめにすること。

神様に捧げるためのいけにえを置く台

神が降り立ってくるとされる台をかたどった象形文字。神に何かを願うのであれば捧げものをしなければならない、というのが古代の考え方であるので、この台にはいけにえが捧げられた。

ちなみに「且」という字は台に神へのいけにえを捧げた状態を指す象形文字で、そこからまな板という意味で使われるようになった。

神に捧げられるいけにえは、獣である場合も、そして人間である場合もあったであろう。干ばつ、不作、疫病など。それらを鎮めるために多くの命が失われた。特に古代中国の殷の時代（紀元前16世紀ごろ~紀元前11世紀ごろ）には、たくさんのいけにえが捧げられ、それにまつわる字が数多く生まれた。

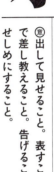

伐

音 バツ
訓 うつ

意 **刃物を使って物を二つに切り分けること。敵を討ち破ること。自分の成果を大げさにひけらかすことなど。**

鋭い刃物で人の首をえぐる

「戈」という部首の由来は、古代の矛《ほこ》をかたどった象形文字である。矛とは長い棒の先端に両刃の刃を取り付けた武器で、遠くの相手に引っ掛け、えぐって切る時に使われた。この部首を持つ漢字には、「戦」や「戒」、殺戮《さつりく》の「戮」など厳しい印象を与える字が多い。

「伐」も「戈」を部首とする漢字のひとつ。今では木や植物を切る「伐採」という言葉などに使われる漢字だが、そもそもは「イ（直立した人）」と「戈」を並べ、人の首を矛でえぐるさまから成り立っている。なお、「伐」を用いた言葉に「伐性之斧《ばっせいのおの》」という四字熟語がある。直訳すると人間の本性を斬る斧という意味のこの言葉は、色ごとや金銭欲など、人の本性を変えてしまうような誘惑を例えている。

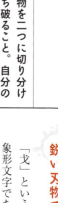

血

音 ケツ

訓 ち

意 人間など動物の体内を流れる赤い色をした液体のこと。赤血球、白血球、リンパ球、血小板などから成る。

神に捧げるべく皿に注がれた血液

何かよからぬことが起きた際や、これからの幸福を願う際など、昔の人々は神に救いを求めた。そういった祭礼のときには皿を用意し、そこに動物やあるいは人間の血を注いで捧げものとしたのである。「血」の下部は「皿」になっているが、これは血を一滴、二滴と注ぎ入れていた皿をもとにしているもので、食器などを指す漢字として現在も様々な言葉で使われている。

捧げものとして血が選ばれたのは、それが生命の源だからだ。中国に限らず中米のアステカ帝国でも血は神への供物とされた。中世ヨーロッパでは血が若返りの薬になると信じ込まれ、吸血鬼のモデルになったエリザベート・バートリは血を飲み、血の風呂に浸かっていたという。

甲骨 → 篆書 → 楷書

取

音 シュ

訓 とる、とり、どり

意 **ある物を手に持つこと、手に入れること。「取り」は寄席や漫才などで、最後に登場する演者。**

戦功の証として切り取られた耳

「取」は「耳」と手を表す「又」から成る会意文字である。

古代中国では時代ごとに戦乱が訪れ、戦続きの日々が続いていた。戦功を上げれば上げるほど出世ができ、よい暮らしができるとあって、兵たちは皆、懸命に戦っていた。

では、誰がどれだけ戦果を上げていたのかどう判断していたのか。それは耳である。敵の兵士や将軍を倒した者は、その証として耳を切り取っていたのだ。兵士が意気揚々と敵の耳を手に持っている姿を、「取」の字は表しているのである。

秦の時代の中国では、耳だけでなく首をひとつ取ると階級が上がったとされ、これが日本にも伝えられたとされる。

甲骨 → 金文 → 篆書 → 楷書

呪

音 ジュ
訓 のろう
意 他社に不利益がふりかかるよう、まじないをかけること。「呪術」「呪文」など。呪うこと。呪い。

「祝」と「口」で「呪い」の意味に

左側の「口」と右側の「兄」から成る会意文字。「兄」は音符の「祝」と通じている。「祝」という字を使うことからもわかるとおり、「呪」には「病気や悪魔を追い払う」「神仏に祈る」という前向きな意味がある。

しかし、いつなんどきも善良ではいられないのが人間という生き物である。他者の幸福を祝う気持ちはやがて嫉妬へと変わり、最後には憎しみへとなり果てる。それを口に出したが最後、言葉は言霊となって力を持ち、憎い相手を不幸に陥れる呪詛《じゅそ》となるのである。

「可愛さ余って憎さ百倍」という諺《ことわざ》が示すように、他人の幸福という物は時として人の心を悪鬼がごとく黒く染め上げる。

篆書

↓

楷書

呪

古

音 コ

訓 ふるい、いにしえ

意 時間が経過して、ひからびているさま。「いにしえ」は過ぎ去った月日や、亡くなった人を指す。

家に祀られている祖先の頭蓋骨

「古」の成り立ちには諸説ある。よく知られたところでいえば、神々の頭そっくりに作られた冠をかたどったもの。つまり、神の頭を模造したということである。

もうひとつが、家に祀ってある祖先の頭蓋骨を描いたものという説だ。現在では仏壇に位牌を祀るが、これはもともと頭蓋骨だったしきたりで、時を経て変化したのである。

家の中に祀っている祖先の頭蓋骨は、無論、時間が経てば経つほど古びていく。そこから「古」は「古びている」の意味で使われ、また、昔や古いもの自体を指すようにもなっていったのである。

家に頭蓋骨が並ぶ光景はぞっとしないが、それだけ祖先を大事にしていたということだ。

甲骨 → 金文 → 篆書 → 楷書

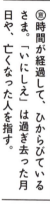

備

音 ビ
訓 そなえる、そなわる、つぶさ
意 **必要な物をあらかじめそろえておくこと。「つぶさ」は「こまかく」「詳しく」という意味。**

矢を入れる容器とそれを準備する従者

つくりが表しているのは「箙《えびら》」のこと。これは矢の入れ物で、弓を使う際に肩や腰にかけるものである。この箙を装備するという意味から「備」の字ができあがった。さらにはそのことから「備」は、箙の準備を整えておく従者という意味も持つようになった。

いうまでもなく弓矢は一射ごとに矢を消耗する武器である。どんな達人でも矢が無ければ戦えず、刀を持った敵に迫られて斬られるだけだ。それを防ぐために、従者は矢を備えていたのである。

現代の戦争において、スナイパーは実際に射撃する者と観測者の二人一組で行動する。これは殺傷率をより高めるためで、古代中国でもこれと同じように行動していたのだ。

篆書 → 楷書
備

兵

音 ヘイ

訓 つわもの、いくさ

意 **戦場で最下層にある戦士、軍人。またその集団。戦争、軍事を表す言葉でもある。武器という意味も。**

戦斧を振りかざして襲いかかる兵隊たち

上部は「斤」に通じ、斧の形を表している。下部はその斧を手でしっかりと持っていることを示し、すなわち斧を振りかざして敵に襲いかかる兵士ということである。

強い存在、怖い存在を表す漢字には、この「斤」（＝斧）がよく用いられるが、それも当然で、斧は剣と並んで古代より中国で広く使われてきた武器である。

武器として使う斧は農作業の物と区別するため「戦斧」と呼ばれる。戦斧は有用性の高いことから、権威を示す象徴としても使われるようになった。「兵」は「並」「併」に通じ、並んでいるという意味もある。戦斧を手にした兵が一斉に迫り来るのは、恐怖以外の何ものでもない。

篆書

楷書

干

音 カン
訓 ほす、ひる
意 日照り。水が引く、引かせること。乾かす。干上がる。「若干」のように「いくらか」の意味でも用いる。

先端が二方向に分かれた古代の武器

「干」の字の成り立ちには諸説あり、そのひとつが縦に長い長方形の盾をかたどったという説だ。この盾は戦で使うというより、どちらかというと飾り物で、祝詞を入れる器を守る役目を果たしていたとされる。

もうひとつの説が、武器をかたどったという説。その武器は先端が二方向に分かれており、現在も日本の警察で採用されている「さすまた」に近い形状であったとされている。

「さすまた」は罪人の捕縛に有効である一方、敵を寄せ付けない防御力にも優れている。しかし、「干」の元となった武器は先端に刃が備えつけられており、人を捕縛することを目的としたのではなく、傷つけ、殺してしまうことを目的としたものと考えられる。

僕

音 ボク

訓 しもべ

意 男の召使い。下男。一人称の人代名詞で、主に男性が自分を指す言葉。幼い男児を呼びかける言葉でもある。

獣じみて礼儀を知らず身分も下賤な者

「僕」の右側は、供え物をしている奴隷を表す。しかし、ただの奴隷ではない。頭には刺青を彫られ、尻からはしっぽを生やしており、獣に近い存在として描かれているのだ。加えて「僕」には二人の年若く、礼儀作法がなっていない下賤の召使いが示されている。

この二つのことからわかるように「僕」には程度の低い存在という意味があり、それゆえに他者にへりくだる際の一人称として広く使われるようになったのである。

男児に対し、親しみを込めて「僕はいくつですか?」と聞くことは多いが、昔の意味であれば「下賤な子供である君はいくつですか?」と聞いているようなものなのだ。

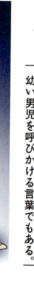

盟

音 メイ

訓 ちかう、ちかい

意 **互いに結ぶ、固い約束のこと。主に戦争時に結ばれる不戦、あるいは共闘の協定のことを指す。**

協力関係を結ぶべく血をすすり合う

上部の「明」は、明かりを取り入れる窓と月を組み合わせたもの。下部は皿のこと、また、血のこととされている。

戦乱の時代、強者を討伐するために弱者と弱者が同盟関係を結ぶのはよくあることであった。とはいえ、同盟を結ぶ国や県同士も互いに全幅の信頼を寄せられるかといえば、そうではない。いつ相手に裏切られるかわからないという不安を抱えていたのである。

そこで自分たちの窓から光が差すように影の部分を持たないとして、いけにえとなった獣の血をすすりあって協力関係を誓ったのであった。そのようにして盟約が結ばれても、裏切りや寝返りが日常茶飯事におこなわれたことはいうまでもないだろう。

篆書

↓

楷書

盟

若

音 ジャク
訓 わかい
意 重ねた年が少ないこと。精神的に成熟していないこと。また、位の高い家の幼い男児の呼称でもある。

髪を振り乱した狂ったような巫女

「若」は象形文字で、かたどっているのは神のお告げを聞き取る巫女である。ただの巫女ではない。鬼気迫る表情で長い髪を振り乱し、踊り狂うように動き回る巫女のことなのだ。

風水を例に挙げるまでもなく、中国では古くより占いがとても重要な儀式であった。国を統べる君主も有事の際には、巫女が告げる神のお告げに耳を傾けていたという。

すべての巫女が本当に神の声を聞くことができたのかは疑わしい。特に狂乱したような巫女の言葉を「神のお告げ」だと信じられるだろうか。「若」は同じ読み方の「弱」に通じる。疑わしいと思いつつも、何かに頼らないと気が落ち着かない。権力者の心の弱さを、この字は表しているのではないか。

甲骨

金文

篆書

楷書

column

見た目の奇妙な怖い漢字

本書の最後に、とにかく見た目が怖い漢字を紹介しよう。奇妙な組み合わせや同じ字が集まった漢字など、まだまだ奥深い怖い漢字の世界を楽しんでほしい。

焄

音 クン
訓 くすべる

一見すると人を炙るような意味にも見えるが、実際には物をまとめて燻すさまのこと。そのほか、煙や香りがほんのり香ること、香りや辛味の強い野菜などの意である。

盔

音 カイ
訓 —

「灰皿」の文字を上下に重ねて「カイ」と読む。決してタバコを吸うための灰皿ではなく、深いくぼみの鉢のこと。あるいは、鉄や革で作られたかぶとを意味している。

毳

音 サイ
訓 むくげ

毛が三つ集まって髪の生え際にある柔らかい毛や、羊などの細い毛のことを表している。紙や布の隅にある細い繊維や裁縫などのフェルト生地にもこの字が使われる。

耋

音 テツ

訓 —

「老」と「至」を重ねて「テツ」と読む。見た目そのままに非常に老いたさまを表す漢字である。年を重ねると肌が鉄のように黒ずんでくることからこの音があてられている。

猋

音 ヒョウ

訓 つむじかぜ

ギリシャ神話にはケルベロスという三つの顔を持つ犬の怪物が登場するが、犬が三つ集まったこちらの字はつむじ風の意。風が犬のように素早く駆け抜けることから。

嫐

音 ドウ・ノウ

訓 うわなり・なぶる

男女関係を表す一文字。男が女を弄ぶことを「嬲る」というのに対して、女が男を弄ぶことを「嫐」という。「うわなり」ともいい、歌舞伎の演目のひとつとしても有名である。

髡

音 コン

訓 そる

大人が髪を剃ることをいう。「髡刑」は古代の刑罰のひとつで、髪を剃り落とされることを指している。なお、髪を剃り落とした坊主頭の僧侶は「髡人」と呼ばれる。

瘧

音 ギャク

訓 おこり

病に関する「疒（やまいだれ）」の中に「虐（しいたげる）」が収まった、怖い印象の漢字のコンビネーション。これ一字だけで熱帯などに多い感染症のマラリアを表している。

毯

音 タン

訓 もうせん

「毛」に「炎」の音を合わせた文字で、毛や綿で織った薄い敷物のことを表している。「じゅうたん」を漢字で書くと「絨毯」となり、その中の一字として用いられる。

慙

音 ザン

訓 はじ

「心」を「斬」るという見た目から想像できるように、心にザクッと切れ目が入って傷つく様子を表している。周りの優しさに対して、惨めな自分を恥じるといった意味がある。

勰

音 キョウ、ギョウ

訓 かなう

不思議な印象の形をした漢字。左側の「劦」は力がひとつにまとまること。そこに「思」が並べられて、思いがひとつになることや、気持ちがやわらぐことを表している。

骳

音 ヒ
訓 ―

「骨」と「皮」がひとつにまとまった字。一見、痩せ細った人を表しているかようだが、「皮」は「傾斜する」という意味で使われていて、骨が曲がるということを表している。

奭

音 セキ、シャク
訓 さかん

「大」の字両脇に「百」が収まっている奇妙な形の漢字である。「百」は充実を表していて、物ごとが盛んなさまを意味している。そのほかに、赤く輝くという意もある。

蘂

音 ズイ
訓 しべ

花の生殖器官。雄しべと雌しべは、漢字では「雌蕊・雄蕊」と書く。そのほかに、草木の群生が生えるさまという意味もある。なお、北海道には「留辺蘂」という地名がある。

聶

音 ショウ
訓 ささやく

こちらも同じ文字が集まった漢字のひとつである。「耳」が一箇所で寄せ合うように、ひそひそ話をする様子を表している。何らかの密談か、それとも井戸端会議での痴話か。

羸

音 ルイ
訓 つかれる

「亡」「口」「羊」などの漢字が複雑に集まっている漢字。まとめると疲れてぐったりとした羊という成り立ちから、痩せる、つかれる、力が衰えるなどの意味がある。

鼾

音 カン
訓 いびき

「鼻」に「干」の音をあてた形声文字で、寝ている時に出るいびきのこと。「鼾睡」でいびきをかいて眠ること。「鼾雷」は雷のように大きないびき。

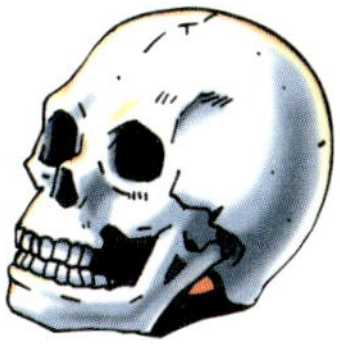

驫

音 シン、シュウ
訓 ―

34 画と、漢字辞典で見られる漢字の中では最も画数が多い。見た目から想像できるように、多くの馬が群がって動く様子や、人や物がとてつもなく多いさまを表す。

監修

出口 汪 （でぐち・ひろし）

1955年東京生まれ。関西学院大学大学院文学研究科博士課程単位取得退学。広島女学院大学客員教授、論理文章能力検定評議員、出版社「水王舎」代表取締役。現代文講師として、予備校の大教室が満員となり、受験参考書がベストセラーになるほど圧倒的な支持を得ている。また「論理力」を養成する画期的なプログラム「論理エンジン」を開発、多くの学校に採用されている。著書に『出口汪の「最強！」の記憶術』『出口のシステム現代文』『子どもの頭がグンと良くなる！国語の力』『芥川・太宰に学ぶ 心をつかむ文章講座』（以上、水王舎）、『出口汪の新日本語トレーニング』（小学館）、『日本語の練習問題』（サンマーク出版）、『出口汪の「日本の名作」が面白いほどわかる』（講談社）、『ビジネスマンのための国語力トレーニング』（日経文庫）、『源氏物語が面白いほどわかる本』（KADOKAWA）、『頭がよくなる！大人の論理力ドリル』（フォレスト出版）、『やりなおし高校国語・教科書で論理力を・読解力を鍛える』（筑摩書房）など。小説に『水月』（講談社）がある。

公式ブログ 「一日生きることは、一日進歩することでありたい」
http://ameblo.jp/deguchihiroshi/

オフィシャルサイト http://www.deguchi-hiroshi.com/

ツイッター @deguchihiroshi

◉出口汪の「頭が良くなる無料メルマガ」登録受付中。

参考文献

『学研 漢和大字典』藤堂明保 編（学習研究社）
『図説 漢字の歴史』阿辻哲次 編（大修館書店）
『漢字の語源』山田勝美 著（角川書店）
『本当は怖い漢字-起源からわかる政治の本質-』
板垣英憲 著（ごま書房新社）
『日本語語源事典』堀井令以知 編（東京堂出版）
『白川静さんに学ぶ漢字は怖い』小山鉄郎 著（新潮社）
『本当は怖ろしい漢字』小林朝夫 著（彩図社）

本当は怖い漢字の本

2017年2月10日 第1刷発行

監　　修	出口 汪
発 行 人	出口 汪
発 行 所	株式会社 水王舎
	〒160-0023　東京都新宿区西新宿 6-15-1
	ラ・トゥール新宿511
	電話 03-5309-8920
	ホームページ　http//www.suiohsha.jp
編集協力	開発社、鈴木翔、鈴木理紗子
イラスト	高樹ハイド、ほんだあきと、戸渡真理、野沢裕二
ブックデザイン	杉本龍一郎（開発社）、太田俊宏（開発社）
編集統括	瀬戸起彦（水王舎）
印　　刷	歩プロセス
製　　本	ナショナル製本

© 2017 Hiroshi Deguchi, Printed in Japan

ISBN978-4-86470-069-6

乱丁・落丁本はお取替えいたします。